Financial Freedom

ファイナンシャル・フリーダム

経済的自由と人生の幸せを同時に手に入れる!

The Road to Financial Freedom

Bodo Schäfer
ボード・シェーファー 著
Setsu Kobayashi
小林 節 訳

青春出版社

Der Weg zur finanziellen Freiheit
by Bodo Schäfer

はじめに

ほとんどの人は「夢」と「現実」が、大きく異なっています。

そして、それは当たり前のことだと誤解しています。この誤解を解くために、本書を書きました。

「裕福になることは、あなたの生まれながらの権利」だと、私は主張します。尊厳《そんげん》を持って、経済的に自由に暮らすのはごく自然なことです。本書を通して、経済的自由は得られる、と確信していただきます。

私はこの本を出版したことで、2つの結果を得ました。

ひとつは、**たくさんの人の心に本書の内容を伝えることができました。**1000万人もの人々が、この本を読んでくれました。30か国語以上で訳され、マネーブックとして世界的に高評価をいただいています。

なぜ、この本がこれほど多くの人々から評価されたのか？

答えは簡単です。たくさんの人を助けることができたからです。

2つ目は、**本書を読むことで、多くの人が成功をつかみました。**

3万6000人もの読者の人々から手紙をいただきました。そして、成功した人々の素晴らしい話を聞かせていただきました。本書を通して、お金というテーマに向き合うことで、この人々の生活に大きな変化があったのです。

私はこの本を書き終わったとき、「裕福になるための法則」を伝え、理解してもらい、実践してもらうことは可能である、と確信しました。**この確信は、経済的自由への道を歩んだ、世界中の人々のフィードバックによって証明されています。**

様々な統計からわかるように、富裕層が増えている一方で、多くの人々が経済的に不満足な状態に陥っています。

不幸な人々がいる限り、私の使命は終わりません。多くの人に、お金というテーマに親しんでいただき、助けなければならないからです。

「お金が幸福を生み出すわけではない」と、主張をする人もいるでしょう。

もちろん幸福を生み出すのはお金の役目ではありませんが、お金は私たちに安心と自由をもたらしてくれます。

お金は、私たちの理想の生活への可能性なのです。事実、お金があれば幸福に暮らすのが楽になります。

この本を読み終わる頃には、私の主張をよくわかっていただけると思います。なぜならこの本は、「経済的自由への道」というテーマではありますが、お金だけではなく幸福に関する本だからです。成功した幸福な生活を送る人になるための道の参考になれば、と願って書かせていただきました。それがご好評いただいた秘訣なのではないかと思います。

本書を読んだ人々から、膨大《ぼうだい》な数の感謝の手紙をいただき、読ませていただきました。その多くに共通するのが、**「お金が一度回り始めると、今まで一体どこに〝これほどたくさんのお金が隠れていたのか〟驚いた」**という感想です。

あなたもこう感じられるようになりますように。あなたの成功物語が書かれたお手紙をお待ちしております。

あなたが、成功し、幸福な生活を送る人になりますように。

ボード・シェーファー

Review

「この10年間で最も重要なコーチ」
(「ドイツ・コスモポリタン」)

「専門知識とウィットに富んだ文章…(そして多くの具体的なアドバイス)で読者を最初の100万ユーロに導いてくれる」
(「Focus」誌)

「ボード・シェーファーが示す、良心的かつ確実に初めの100万ユーロを稼ぐ方法」—
(「Süddeutsche Zeitung」南ドイツ新聞)

「ボード・シェーファーは財産を築くベテランの秘密と、シンプルかつ即効の錬金術を明かしてくれる」
(「WELT am SONNTAG」紙)

「ボード・シェーファーが明かす最初の100万ユーロへの道」
(テレビ「ZDF」)

「皆が真似をする唯一無二のネズミの王様　ボード・シェーファー」
(「Frankfurter　Allgemeine」紙)

「アメリカで修業を積み、マネーコーチで作家でもある彼は、セミナーで参加者に金銭のテーマを解き明かし、心のハードルを取り去ってくれる」
(「Capital」誌)

「ボード・シェーファーはヨーロッパのマネーコーチ」
(「Stern」誌)

「規律をもって節約し、時代に即した運用をすれば裕福になれる」
(「Focus」誌)

「自分のライフプランを立てたい人に確実な刺激」
(テレビ「RTL」)

目次

『ファイナンシャル・フリーダム
経済的自由と人生の幸せを同時に手に入れる!』

[はじめに] 3
[序文] 経済的自由への第一歩は、お金についてよく考えること 11
[分析] あなたの経済状態を知る 14

第1部 裕福になるための基本事項 17

第1章 あなたが本当にやりたいことは? 19
第2章 責任を持つということ 37

第3章 1億円を必ず手に入れるのは奇跡？ 57
第4章 裕福になる方法は知っているのに、お金持ちが少ない理由 81
第5章 お金へのイメージが富の量を決める 107
第2部 最初の1億円への実用ガイド 143
第6章 借金――その理想的な付き合い方 145
第7章 一番確実な収入の増やし方 175
第8章 貯蓄――自分への支払い 209

第9章 複利の奇跡――莫大な富を築く秘密 229
第10章 お金を育む必要性 243
第11章 投資家のための原則 257
第12章 経済的自由への3段階 289
第13章 コーチとエキスパートネットワーク 333
第14章 お金の種蒔き 359
[展望] これからの展開 371
[謝辞] 380

備考

本書は、十分に根拠のある、信頼できる情報を提供することを目的としています。ただし、著者と出版社は法的、財政的、その他の専門的な助言を提供することはできません。該当する法律、および、法律専門家の意見を参照してください。

この出版物には過去のデータが含まれており、将来のパフォーマンスについて結論を示すことはできません。ここに使われているデータは、本書の基本的な原則を説明するために使用されています。

この本は専門家の助言の代用ではありませんし、投資家の責任は負いません。投資に関する推奨事項も提供していません。投資決定を行なう前には該当する書面をよく読み、本書は投資決定を慎重に検討するための基礎としてご使用ください。

本書は著者の個人的な見解を反映しており、証券取引法における投資の推奨《すいしょう》として理解されるべきではありません。本書の内容を使用したことによる、損害や損失についての責任は負いかねます。

（訳注）なお、数字については、著者の意向を尊重し、原則的に原著に則っています（便宜上、1ユーロ＝100円で換算しました）。

序文

経済的自由への第一歩は、お金についてよく考えること

夢見る生活を送ることを妨《さまた》げているものは何でしょう?

それは、お金です。単に、お金なのです。お金は生活水準のシンボルであり、日々の生活の意識の基準となります。お金は、自然に生活の中に入ってくるものではありません。

お金はエネルギーの一形態です。人生で本当に重要なことにエネルギーを注ぐほど、より多くのお金が入ってきます。成功した人は、大金を呼び寄せる力を持っています。自分に使う人もいれば他人のために使う人もいますが、有能な人は皆、お金を回して(循環させて)います。

お金の問題を抱えている人はそのことしか考えられず、お金の意義を強調しすぎてしまいます。ですから、お金を自分自身でコントロールするためには、一度、お金というテーマについて徹底的に考えなければなりません。そうしてはじめて、お金が人生のすべての領域において、あなたの支えとなってくれるようになるのです。

私たちは皆夢を持っています。自分の理想の生活イメージを持っています。心の奥深くで、「自分は特別な使命を持っているはずだ」と信じています。

しかし、日常の決まりきった生活と、お金の現実に、夢が押しつぶされている人を私はたくさん目にしてきました。多くの人が自分を解放するのは不可能だと思い込み、太陽の下に自分の場所があるということを忘れてしまっています。

私たちは皆、自分を被害者の役にはめ込みがちです。妥協をくり返すうちに、人生はあっという間に過ぎ去っていきます。

多くの人は、自分が思い描くような生活ができないのは、経済的な理由であると考えています。私は30年近く、お金と成功と幸福について考えてきました。この間に、お金を他の人と違った視点で見るようになりました。お金があれば、自分の理想に100％到達し、自分がこうありたいと思うベストの人間になれるのです。

この本は、**お金に関するあなたのプライベートコーチとしての役割を果たす**ように書かれています。私自身が学び、経験してきた、お金を稼ぐ手段が書かれています。

財産を所持することで、自由で自立した生活を送れます。私自身が、これに気づいたとき、この知識をあなたに伝えたいと心から思いました。

経済的に自由になるのを援助したい。いくつかの重要な法則を知りさえすれば、空を飛んだり、水に潜ったり、プログラミングを学ぶのと同様に、財産や富の築き方はマスターできるからです。

裕福になるためには、いくつもの方法があります。そのうちのひとつは、この本に書かれている次の4つのステップから成り立ちます。

ステップ1　何割かを貯蓄する
ステップ2　貯蓄したお金を投資する
ステップ3　収入を増やす
ステップ4　増えた収入から何割か貯蓄する

もしこれを続ければ、15年、20年後には1億円の財産を持てるはずです。これは奇跡でもなんでもありません。もし、もっと早く、たとえば7年間で1億円を手に入れたいと思ったら、この本に書かれているさらにいくつかの法則を用いることで可能になります。用いる法則が多いほど、目的地への達成は早くなるからです。

7年間で財産を築き上げたらどうなるのでしょうか？　重要なのは、財産がいくら増えたかということではなく、自分のパーソナリティー（個性）がどのように変わるかです。

経済的に自由になる道は決して簡単ではありません。しかし、**経済的に不安定な生活を送るのはもっと大変**です。私はセミナーを通して何千人もの人々を助けることができ、この知識が人を変えていくのを何度も体験してきました。

本を買っただけでは、財産が増えるわけでも裕福になれるわけでもありません。この本が自分の一部となるように活用してください。それによって、内に秘められた宝石が表面に浮かび出てきます。一緒に、裕福になる道を歩き始めましょう。まず、自身の経済的な状況を見極めることから始めましょう。次頁の内容は、自己分析となります。最初に自分の経済状況を十分に確認した上で、この本を読み進めてください。

あなたは、自分が置かれている状況に満足していない、自分でライフプランを描き将来をデザインしたい、人生を大成させたい、と考えて本書を手に取ってくれたはずです。その助けとなることが、本書には書かれています。

あなたが裕福になるだけではなく、感慨深い体験を得られますように。

分析

あなたの経済状態を知る

本書を読み始める前に、次の質問に答えてみてください。

①自分の収入をどう評価しますか?
□文句なしに良い　□とても良い　□良い
□まあ良い　□足りてはいるが改善の余地あり
□悪い　□とても悪い

②自分の純資産（資産と負債と差額）をどう評価しますか?
□文句なしに良い　□とても良い　□良い
□まあ良い　□足りてはいるが改善の余地あり
□悪い　□とても悪い

③自分の投資状況をどう評価しますか?
□文句なしに良い　□とても良い　□良い
□まあ良い　□足りてはいるが改善の余地あり
□悪い　□とても悪い

④お金と資本に関する知識はありますか?
□十分ある　□かなりある　□ある
□ある程度ある　□あるが改善の余地あり
□ほぼない　□全くない

⑤資産設計のプランはありますか? また、何にいくらかかり、利益がどうなるか知っていますか?
□十分ある　□かなりある　□ある
□ある程度ある　□あるが改善の余地あり
□ほぼない　□全くない

⑥経済のコーチはいますか?
□はい　□いいえ

⑦あなたの周りにいる人は、どんな人ですか?
□自分より裕福な人が多い
□自分と同等の経済状況の人が多い
□自分より経済状況が厳しい生活を送っている人が多い

⑧自分の月収の10～20％を貯蓄していますか？
□はい　□時々　□いいえ

⑨規則的にお金を貯蓄していますか？
□はい　□いいえ

⑩自分はたくさんのお金を保有するに値すると考えますか？
□はい　□いいえ
□それについて考えたことがない

⑪もし収入がなくなったら、今保有しているお金のみで何カ月生活できますか？
□カ月

⑫自己資産の利子で生活できる自分を想像することができますか？
□はい　□いいえ

⑬今後5年間が過去の5年間と同じように過ぎていくとしたら、満足ですか？
□はい　□いいえ

⑭自分が、お金について何を考えているか知っていますか？
□十分　□大体　□いいえ

⑮自分の経済状況を記載してください。

⑯自分の経済状況を一言で表してみてください。(たとえば、ビル・ゲイツ並み、初心者、経営者レベル等)

⑰あなたにとってお金は支えですか？
それとも障害ですか？

⑱ファンドに関する知識は？
□十分ある　□かなりある　□ある
□ある程度ある　□あるが改善の余地あり
□ほぼない　□全くない

⑲株に関する知識は？
□十分ある　□かなりある　□ある
□ある程度ある　□あるが改善の余地あり
□ほぼない　□全くない

⑳投資の判定基準に関する基本的な
知識があり、それを利用していますか？
□はい　□いいえ

㉑あなたにとってお金は重要ですか？
□いいえ　□少し　□ある程度　□かなり
□一番の重要事項

㉒あなたの、お金、経済に対するスタンスは？

㉓ここまでの質問に答えて、
自分の経済状況をどのように評価しますか？
□文句なしに良い　□とても良い　□良い
□まあ良い　□足りてはいるが改善の余地あり
□悪い　□とても悪い

㉔ここまでの質問に答えて、
どう感じていますか？

第1部

裕福になるための基本事項

第1章

あなたが本当にやりたいことは？

「もう十分探したでしょう。
これからは探すのではなく見つけるのです」

ハインツ・ケルナー『Johannes』より

多くの人は、心の底から望んでいることと、実際の人生との相違に葛藤《かっとう》しています。望む人生と現実が大きく異なることもあるでしょうが、誰もが成長し、幸福になりたい、世界の向上に役立ちたいと心の奥底で願っているはずです。そして、誰もが自分はよい人生を送る権利があるはずだと考えています。

なぜ、私たちは「裕福になる方法」を学ばせてもらえないのか？

自分の夢の実現を妨げているのは何でしょうか？　目的地に着けないのは、なぜなのでしょう？

政府の債務が年毎に増え、その利子を支払うために様々な税金が高くなっていくのを見れば明らかなように、**多くの人は裕福になることに適さない環境で生活しています。**

私たちの学校のシステムは、「どうしたら幸福になれるのか？」「裕福になるためにはどうしたらいいのか？」という質問には答えてくれません。

アッティラが451年にカタラウヌムで敗北したことは習うのに、どうしたら経済的に自立できるかは教えてもらえないのです（注）。

裕福になる道を教えてくれるのは誰でしょう？　私たちの両親でしょうか？　誰もが裕福な両親を持っているとは限りませんので、実際に助言をもらえることは稀《まれ》です。さらに、今の社会は過剰消費に走り、人間同士のつき合いも乏しい限りです。このような社会では、「すべての人が幸福で生活に困らない」という生まれながらの権利が与えられているとは言えません。

私の人生を振り返ってみると、夢見た通りの経済的に自立した生活を送ることができ、ありがたい気持ちでいっぱいです。しかし、私にも他の人と同様に、自己不信に陥り、混乱して身動きができない生活を送っていた時期がありました。

注……アッティラは、現在のロシア・東欧・ドイツを結ぶ大帝国を築き上げた、フン族とその諸侯の王。451年にガリア(現在のフランス・ベルギーの全土とオランダ・ドイツ・スイス・イタリアの一部にわたる地方)へ侵入し、ローマの将軍アエティウス指揮下の西ローマ、西ゴート連合軍とカタラウヌムで戦ったが敗北した。

億万長者になると決意した一瞬の、でも特別な経験

誰もが人生のどこかに、自分に影響を与えた一瞬——それは、良くも悪くも人生の転換期としての瞬間があるはずです。**人生を変えたこの一瞬がお金に対する信念を変え、世界観を形作っています。**

私のお金に対する態度に影響を与えたのは、6歳のときの体験でした。父が肝硬変で病院に運ばれ、12カ月間絶対安静の入院生活を送ることになったのです。本を読むことすら許されませんでした。

ある日、医者が母に「訪問客がこれほど多い患者は初めてだ」と話しているのを耳にしました。安静にしなくてはならないのに、毎日少なくとも6人の訪問客がいるのです。

父が病院でも働き続けているということが判明しました。弁護士の父は、本業以外に「貧しい人のための事務所」と名付けた副業を持ち、低収入の顧客に無償でアドバイスをしていたのです。

母はすぐに「訪問客の受け入れを中止しないと、退院できない」と父を脅し、主治医も道理を説き

ました。しかし、父は頑として聞き入れず自分の信念を貫きました。

私は父のベッドの横で、何時間にもわたり訪問客の話を聞きました。もちろん、話題になっていたのは、いつもお金の泣き言でした。悪いのは自分ではなく、周りの他人だという結論です。

話題は常に、お金の心配、お金の心配、お金の心配……。初めの頃は、はらはらしながら話を聞いていたのですが、段々「いい加減にしてよ……」という気分になってきました。

人を不幸にする貧乏が、つくづく嫌になりました。背中を丸めて父の病室に援助を求めにくる人々。私は裕福になりたい、と強く思いました。そして、30歳で億万長者になると心に決めたのです。

「希望だけある負債持ち」はただの貧乏

夢のサクセスストーリーの始まりとしては信じられないことですが、30歳で自分の目的地にたどり着くまでの私はというと……。

25歳の頃は負債持ちで、理想体重より18キロも太っていて、自分に自信がありませんでした。経済的に余裕がないため、人生の中心はお金でした。お金に悩まされていたのです。

お金の重要性は、私たちの定義によります。**経済的に困難なときにはお金はとても重要**です。でも私は、どうにかなる、すべてよくなる、という希望を持っていました。しかし、希望だけでは何も起きません。**希望とは、知的鎮静剤、単なる自己欺瞞《じこぎまん》**でしかありません。ただの神頼みです。

愚者は希望と期待をするのみ。神様はベビーシッターではないので、自分が何もしなければ助けてくれません。

心に異なった価値観があるとフリーズする

かなりいい収入があるのに、なぜ負債ができてしまったのだろう……。私は、絶望し、悩みました。**自分でも驚いた結論は、心の底で「お金は悪」だと思っていたことでした。**自分で成功を妨げていたのです。

父は8年の闘病生活ののち亡くなりました。周りの人々は「過労死だった」と言いました。働きすぎで死ぬような生活は送りたくないと思いました。また、法的なアドバイスを受けるために父に救済を求めてきた人たちのように、貧しい生活も送りたくないと思いました。できるだけ何もせずに、裕福になりたいと考えるようになりました。

母は父が亡くなった後、宗教に救いを求めました。「金持ちが天国に行くのは、ラクダが針の目を通り抜けるより難しい」と新約聖書に書かれています。

私は「貧乏＝よい人間」と思う一方で、「裕福になりたい」というジレンマに陥ってしまったのです。正反対の価値観が心の中で戦っていて、前に進めませんでした。

もちろん私も、裕福になろうと試みましたが、「試みる」は、「確信をもって具体的に何かをする」のとは異なり、自分に抜け道を残すことになります。**「試みる」人は、何かを「する」と障害が起きて成功しないのではないか、と常に心の中で心配し、自分で具体的な行動を妨げてしまうのです。**

障害が現れると思うのは、自分の行動を信じられないからであり、自分が裕福になれると信じていないということです。

裕福な人生のカギを握る「楽観」と「自信」

まずは、楽観主義を脇にのけておきましょう。楽観主義者は、すべてを良く捉《とら》えるポジティブな性格です。しかし、楽観主義だけでは、事が始まりません。**自信と楽観主義は混同されることが多いのですが、それは間違いです。**

楽観主義は物事をポジティブにのみ見るのですが、自信は暗い面とも向き合えるようにしてくれます。人生は美しく明るい部分だけではなく、暗い奥深さも抱えています。**自信のある人は、厳しい状況も怖がらずに乗り越えていけるのです。**

自信のある人は、過去の経験から「自分自身に頼ることができる」と知っています。自信のある人は、自分がすべての逆境に対処できることを知っているので、怖いものなしです。第3章に、「短期間で自信をつける方法」を書いたので参考にしてください。

資産は、自信をつけるために重要な要素となります。自分の経済状態を見るときには、根拠のない楽観主義がはばかる余地はありません。口座の中身は一目瞭然《りょうぜん》です。ということは、自信を持つためにはしっかりとした経済基盤が必要です。あなたの資産は、「基盤が確立しているから何も怖くない」と、自信の根拠とならなくてはなりません。

経済状態で、自信を失う状況は避けるべきです。自信のない人は最低生活基準にしか到達できず、自分の可能性を知ることなく人生を終えます。

リスクを負うことはありませんが、成長することもありません。自分の可能性を試すこともありません。自信のない人は行動できず、何も持てず、大成しません。

楽観主義はなんの助けにもなりません。自分の口座残高を見れば、人生の助けとなるかどうかは一目瞭然です。自己資産は自己保障、ということを本書でわかっていただきたいというのが私の願いです。

資産のために働くのではなく、自分のために資産を活用してください。お金によって、ハードな人生、楽しい人生、どちらを歩むかが決まるのです。

自分の経済状況と向き合おう

もっと高いレベルの使命が、自分にはあるはずだ！

こんな人生で終わるとは思えない！

今よりもっと何か得られるはずだ！

富裕になるのは時間の問題だ！

こう思っていませんか？　楽観せずに、自分の経済状態を見てみましょう。

過去7年で自己資産はどれだけ増えましたか？　書き込んでみてください。

　　　　　　円

この数字を見て失望しましたか？

これが現実です。これまでと同じように生活するなら、7年後にも同じような数字を書くことになるはずです。この数字が変わることはないでしょう。もし、変えたいと思うなら、経済的自由の道を選び、行動を起こさなくてはなりません。まず、思考の転換から始めてみましょう。

今のあなたをつくったのは、自分の思考回路です。このままの思考では、なりたい自分にはなれません。

お金について、じっくり考えてみましょう。人生は自分との対話です。「お金は悪いもの」と心の奥底で思っていたら、裕福になるチャンスはつかめません。お金とは、どんなものですか？　この点については、第5章でもう一度触れます。

ここまで読めば、自分は内心、お金について何を思い、感じているのか、はっきりしてくるはずです。さらに、自分のスタンスの変化に気づくはずです。

お金は悪くない

26歳のとき、お金のコーチに「資産を増やす法則」を教えてもらいました。その4年後には、自己資産の利子だけで生活できるようになりました。これほど早くこの生活が実現したのは、**自分の夢と価値観、目的とプランが一致したから**です。

あまり信じられないかもしれませんが、お金は人生の様々なことを変えます。すべての問題を解決してくれるわけではありませんが、少なくともお金がなければ幸福にはなれません。お金があれば、余裕を持って問題解決することができます。

人と知り合う、魅力的な旅をする、興味深い職に就く、もっと自信を持つ、他の人から認められる、このように様々な可能性が開けてきます。

人生で調和させるべき5つの分野

まず人生を、「健康」「経済状況」「人間関係」「感情」「人生の意義」の5つの分野に分けてみましょう。5つとも同等に重要です。

健康でなければすべてが成り立ちませんし、感情をコントロールできなければ自分を奮起させたり、やりたいことを完遂できません。よい人間関係がなくては人生に味がありません。人生の意義とは、周りの色々な可能性を利用して、自分の才能に合った楽しいことをすることです。自分の資産を増やすのも楽しんでください。**お金のために我慢《がまん》して、やりたくないことをする必要はありません**。ですから、経済的自由をつかんでほしいのです。

この5つの分野を、手の指にたとえてみましょう。自分の資産が中指だとして、誰かがこの指を金づちで叩いたらどうでしょう。「大丈夫、まだ他の指があるから」と思えますか？　そんなはずはありません。

重要なのは、５本の指がすべて調和して存在していることです。５本ともそれぞれ最適な状態に鍛え上げてください。経済的に問題を抱えている人は、５つの分野が調和していません。お金の心配が常に他の分野に影響を与えています。バランスの取れた生活にはお金が重要です。

短期間で裕福になれる人は、資産を十分に持ち、自分のために働かせる人です。**自分がマネーマシンになるのではなく、マネーマシンを持つ人です。**裕福になって、調和のとれた人生を送りたいと考えた人なのです。

なぜ、多くの人が理想の生活を送っていないのでしょうか？　それは、お金が足りないからです。理想の生活を送れない。なぜなら、楽しくお金を儲ける術を知らないから。これは悪い循環です。お金を儲けた人で、お金儲けが嫌いな人はいません。資産がなく、楽しくそれを働かせる術を知らない人に、お金は入ってこないのです。

たとえば、自分の趣味をキャリアに生かすにはどうすればいいのでしょうか。趣味でお金を儲けるためには、まず時間をかけ、この趣味が本当にやって楽しいと感じるか、どの部分に自分の才能があるのか、と分析する必要があります。

何年か前にニューヨークで知り合った富豪は、机の前に「いつも働いている人は、お金を稼ぐ時間もない」と書かれた紙を張っていました。何かをじっくり考えるためには時間をかけなくてはなりません。

この富豪に、裕福になるためにどう考えるべきか聞くと、「自分は誰なのか、そして何がしたいのかよく考えること。それから、そのしたいことがどうお金儲けに役立つか考える。毎日考えて、毎日もっと良い解決法を探すこと」と答えてくれました。

「最小化＝その日暮らし」「最適化＝ベストな人生」

やりたいことを探すには、時間をかける必要があります。本当に心からやりたいことをすれば良い結果が出ます。お金も自然にあなたに流れ込みます。自分の才能を見極めれば、可能性を広げることができるのです。

人生を傑作《けっさく》にするためには、まず時間をかけて脚本を書く必要があります。重要な結論を下すには時間をかけなくてはなりません。時間をとらない人は人生のムダづかいをしているのです。

結論を下す段階では、最適化か最小化か、の選択を迫られる機会が出てくるでしょう。最適化とは、**「自分の時間」「可能性」「才能」「資産」「周りの人材」を最適に活用する**方法を学ぶことです。一方、これらの力を活かさないのが最小化です。

ベストな結果を得るのが最適化の目的です。人生を最適化しようと思ったら、常にベストを尽くす必要があります。

多くの人は計画性がなく、人生を最小化しながら、その日暮らしができればいいと考えて生活しています。やる気が低い状態で働き、週末の休みはただただ時間つぶしをしているだけ。働くのは充実のためではなく、お金を稼ぐためだとしか思っていません。これでは、自分の才能や、与えられた機会を発見することは不可能です。

富豪の人生に共通していることとは？

人生のプランより、休暇のプランを考えることに時間をかけていませんか？

自分で人生設計する人と、他人が立てた設計図に乗って生きる人には、大きな違いが生まれます。多くの人はプランを立てようと試みて挫折《ざせつ》します。「綿密《めんみつ》に計画すればするほど何か問題やトラブルが起きる。最初から計画しなければ後悔しなくてすむ」という人もいます。しかし、プランを立てられない本当の理由は、夢や目的、価値観とプランを結び付けられないことにあります。

アメリカ、ジョージア大学のトーマス・スタンレー教授は、12年間にわたり富豪の生活について研究をしてきました。その結果は、富豪の人生は夢・目的・価値観・プランが調和しているため、皆自分の人生に満足しているということでした。

この4点が財産を築くための行動の基礎なのです。人間の行動は唯一の理由に基づくわけではなく、夢・目的・価値観・プランに基づかなければなりません。すべての力を調和させることが、資産を築く基になります。

では、少し詳しくお話ししていきます。

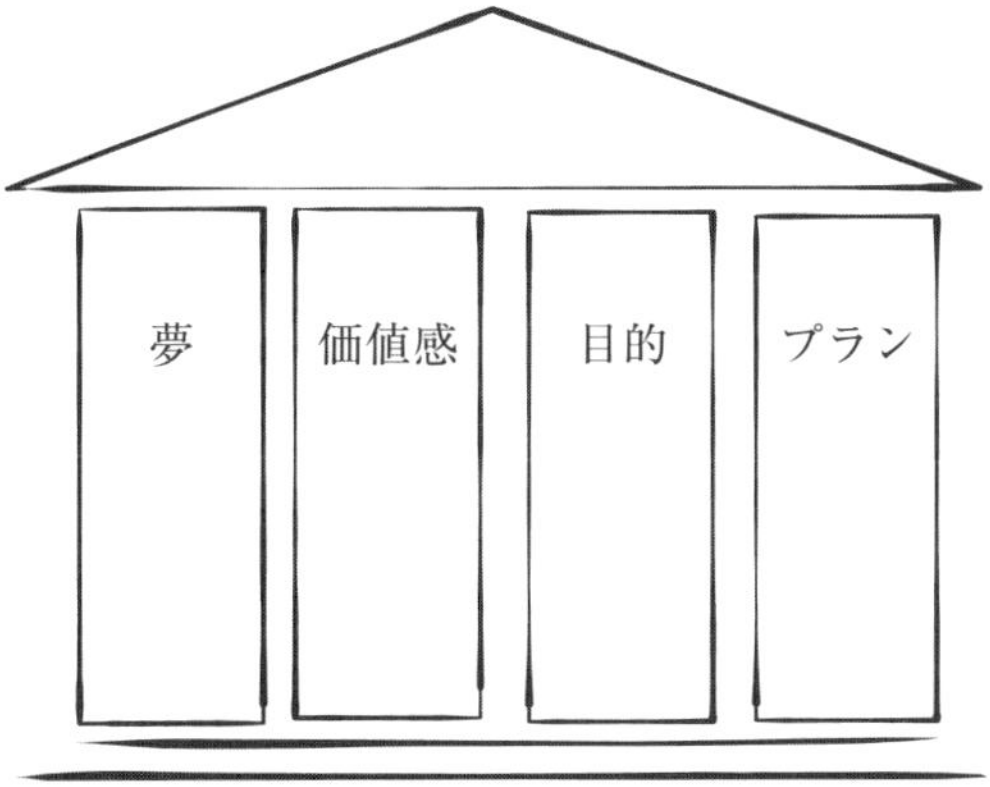

夢：もし時間とお金が無限にあったら何をしますか？
価値観：一番大切なことは何ですか？　なぜそれが大切ですか？
目的：どういう自分になりたいですか？ 何をしたいですか？ 何が必要ですか？
プラン：自分に必要なものを得るための知識、才能、計画をもっていますか？

◉自分の夢

自分が何を夢見ているかを知れば、何が幸福に結びつくのか、を見極めることができます。

もし、時間とお金が無制限にあったら何をしたいですか？　夢の実現のためには、お金が必要だということに気がつくでしょう。

◉自分の目的

夢から目的を想像して、具体化してみてください。そのためには、意識的に決定することが必要になります。自分の決定に責任を持たない限り、夢は夢で終わってしまいます。

具体的に「自分がどうありたいか？」「何をしたいか？」「何が欲しいか？」を考えてみてください。

本書の後半では、自分の目的を具体的に把《は》握《あく》し、意識的に決定を行なう方法を詳しく述べています。

◉自分の価値観

さらに重要なことは、夢と目的を自分の価値観と一致させることです。「自分は、本当は何をしたいのか？」と考えてみてください。あなたにとって一番大切なことは何ですか？　第5章では、お金についての自分の意見をはっきりさせる方法が書かれています。

自分の価値観は、絶対に変化不可能なわけではなく、様々な可能性の選択で成り立っています。育った家庭など、周囲の環境が私達の価値観に影響を与えています。しかし、私達には自分で価値観を選ぶ選択権があります。価値観は絶対的なものではありません。

私は裕福になりたいと思う一方で、過労死するほど働きたくないという矛盾に悩んでいました。価値観が矛盾していると、身動きがとれなくなります。

それを避けるためには、自分の価値観を自分の目的に添わせる必要があります。どうすればそれが可能になるのか、第5章で解説しています。**どの価値観に基づいて行動するかを意識的に決定することで、人生をコントロールできるようになるのです。**

◉自分のプラン

夢と目的と価値観が一致したら、「どう行動すれば成功するか」というプランを立てましょう。

【本書を使いこなすために】富豪へのはじめの一歩を踏み出そう

ここに後ほど詳しく触れる内容を簡略にまとめます。

第2章は、責任についてです。自分に責任を持つことは、裕福になるための絶対条件です。

第3章は、奇跡の起こし方を解説しました。裕福になるのは難しいことではありません。

それではなぜ、もっとたくさんの人が裕福になっていないのか、この謎を第4章で解明したいと思います。

次の第5章では、富と幸福を築くための最も重要な概念について考えます。自分の生活をすべてコントロールできるようになるまでは、私たちは弱い犠牲者でしかありません。すべてはコントロールから始まるのです。

ここまでが基本事項、第6章からはいよいよ実践です。

第6章は、借金から逃れるための方法をご紹介します。

第7章は、お金を入手するプランを立てるための知識と方法、自己資本を劇的に増やす方法をまとめました。

第8章は、お金を貯める方法を述べています。高収入＝富豪とは限りません。貯めた資産がなくては裕福にはなれないからです。

さらに、第9章から11章にかけて「お金の育て方」についてお話しします。

あなたの経済的目標達成のための細かなプランを立てる方法は、第12章に記されています。第13章は、あなたのプランを実現させるための決め手となるコーチについて書きました。コーチはお金儲けの手引きをしてくれる人です。コーチを探す方法と、自分の目的を貫くために必要な生活環境をつくり上げる方法を挙げました。

終章である第14章は、成功と幸福の違いについてお話ししています。成功とは欲しいものが手に入ること、幸福は手に入れたものの価値を尊重することです。入手したお金の楽しみ方をここで見つけてください。

ここで一度、目次のページに戻ってみてください。自分に興味があるものを探してください。重要なのは、この本をどう活用するかです。「これは自分に当てはまるか?」「どう対応して、実行しようか?」と自問自答してください。本書を自分のために使ってください。読むだけでは富豪にはなれません。頭の中の知識ではなく、知識を利用することが力となるのです。

裕福になる道を、ここから歩み始めましょう。7年で富豪になるのは夢ではありません。いや、あなたなら7年かからないのではないかと私は考えています。

ボード・シェーファーからのマネーアドバイス

- お金には、私たちが「意義」を与えている。経済的な問題を抱えている人にとっては、お金が大きな意義を持つ
- 価値観と目的が一致しないと前に進めない
- 楽観主義は物事をポジティブに見せるだけで役に立たない。自信は、人生の暗い面とも向き合えるようにしてくれる
- 過去に逆境に対処できた、という経験が自信につながる
- 今のあなたをつくったのは、自分の思考回路。このままの思考では、なりたい自分にはなれない
- マネーマシンに働かせるのか？
- マネーマシンとなって一生働かされるのか？　結論を出す
- 趣味をキャリアに結び付ける
- 働き続ける人には、お金を儲ける時間がない
- 人生をコントロールするために、意識的に価値観を決定する
- 夢・目的・価値観・プランが行動の基盤となる

第2章

責任を持つということ

「他人に責任を押しつける人は、
その人にパワーを与えてしまう」

ウェイン・ダイアー（世界的ベストセラー作家、心理学博士）『How to be a No-Limit Person』より

「自分が常に責任を負っている」ということを理解するまでは、お金を儲けるのは不可能です。経済的な自由を手にできていないのは、国家、環境、パートナー、教育、健康、財政状況のせいではありません。私たち自身に責任があるのです。

病気になったら？　災難や天災が起きたら？　もし、誰かにだまされたら？　それでも、自分に責任があるの？　もちろん、あなたには責任があります。

たとえばあなたの車が、他の車にぶつけられたとしましょう。ぶつけられた側にも責任はあるのでしょうか？　もちろん、ぶつけた他人の行為について、あなたに責任はありません。しかし、その事態にどう対応するかは、ぶつけられたあなたの責任です。

怒りからぶつけた相手を殴りつける人もいれば、保険がおりると喜ぶ人もいるはずです。保険がおりれば、そろそろと思っていた車のボディの塗り替えの費用に充てて、それでもおつりがくるかもしれません。

すべての出来事に責任があるわけではありませんが、**出来事をどう解釈して対応するかはあなたの責任**です。

“責任”はどこにあるか

感情は、原因となった出来事に基づくのみではなく、私たちがそれにどのように対応するか、ということからも生まれます。人は何かが起きると、まずそれが自分のアイデンティティに関わるかどうか判断します。

オレンジをつぶすとどうなるでしょう。もちろんオレンジジュースになります。

では、オレンジを踏みつぶしたら？　壁に投げつけたら？　それでもジュースになります。

オレンジは、人間の「つぶす」行為に対して責任がありません。しかし、ジュースになったのはオレンジの責任です。人間も同じように、自分の態度と「自分から出てくる何か」に責任があるのです。

責任とは、正しく答えることです。**どう解釈して、どう対応するか、は常に自分に責任があります。**間違った判断を下してしまった場合は特に、自分の対応に責任を持つのが難しいものです。相手が始めたからといって、けんかを買っても意味がありません。争いや戦争を始める前に、ほかの答えを見つけましょう。マムシに噛《か》まれてマムシを走って追いかけたら毒が体に回るだけです。それよりも、解毒の薬を探すことが先決です。

けんかを始める前に落ち着いて、「これはどう解釈するべきか」と考えてみてください。たとえば相手がこう反応してくるのは、「自分の発言が間違って解釈されてしまったのではないか」と自問してみてはいかがでしょうか。

自分がどう対応するか、それは、出来事に対する答えを示すことです。この答えに対しては、自分に責任があります。英語の「責任」(responsibility) は、「答え」(response) と「技」(ability) から成り立っています。英語で、責任とは「答える技」のことなのです。「目には目を」では、問題の解決になりません。

責任を自分以外の何かに押しつけるのは簡単です。「なぜ自分のせいではないか？」という言い訳は、たとえば、「こう生まれてきたんだから（遺伝）」「親が悪い」「周りが悪い」というように簡単にできます。

あるときジャーナリストが、ナイフで2人を刺した若者に、育った環境と、なぜ刺したのか、についてインタビューしました。

「荒れ果てた家庭で育った」と彼は答えました。父親は常に酔っぱらって母親を殴っていた。生活の糧は父親が盗んできた物。盗みは普通のことだと思い込んでいて、6歳のときに自分も窃盗を始め、殺人未遂で拘留された後に2人の殺人を犯した。彼が最後に言ったのは、**「こんな家庭で育った人間に他の道があると思うか？」**でした。

若者には双子の兄弟がいました。ジャーナリストが兄弟を訪ねてみたところ、驚くべきことに、とても評判のいい弁護士で、彼とは正反対の人間でした。地区の政治や教会の活動でも役員に選ばれていました。妻、子供2人と幸せな家庭も築いていました。

違いに驚いたジャーナリストは、どうしてこのように成長できたのか、と聞きました。彼は、殺人犯の兄弟と同じ家庭の話をしました。しかし、最後に**「こんな家庭に育ったら、他の道を取ろうと思わないはずがないでしょう」**と語りました。

同じ遺伝子、同じ両親、同じ教育、同じ環境。違うのはその状況をどう解釈し、どう対応したか、です。

これほど正反対の結果になったのは、なぜでしょう？　2人とも、いい助言や影響を与えてくれる人や本に出会ったのかもしれません。ひとりは助言を聞いて本も読み、もうひとりは無視したのかもしれません。本当のところはわかりませんが、確かなのは2人が正反対の方向に成長したということです。

どのような悪環境にいても、責任は自分にあります。状況を判断し、それに対する対応を決定するのは自分です。

もし世界中の資産を没収し、ひとりに50万円ずつ配るとします。その日の夜には、30万円使ってしまった人もいれば、お金を増やしている人もいるでしょう。数週間後には、裕福な人と貧困な人が生まれているはずです。

お金持ちになる術を知ったときの責任とは？

責任についてもう少し考えてみましょう。著者である私は、この本に対して責任を持っています。あなたの責任は、本書から何かを手に入れることです。

私が開催しているセミナーでも同じことが言えます。私はセミナーの内容に責任を持っています。セミナー受講者は、資産を倍にする人もいますし、大体の人は年収の20％以上を蓄えて資産増大の基礎にして、自分の責任をとります。

受講者の中には、運動を始め、食事を改善し、健康な生活を確立した人もいます。私と一緒に瞑想をした体験に基づいて、1日15分の瞑想を毎日続けてストレスをなくした人もいます。投資で「年平均12％以上の利益を上げている」と電話をくれた人もいました。

私が一番喜んでいるのは、読者や受講者の皆さんのお金に対する意識が変わり、利益を善事に使用してくれていることです。報告してくれる人の満足の声は、何ものにも代えられません。**負債はなくなり、新たな収入の道が見つかり、多くの人がお金を好み、裕福な状態に罪悪感を持たなくなった**のです。

中には、セミナーに参加しても、その後何もしない人もいます。セミナーに参加さえすれば、魔法の杖で人生を変えてもらえて、突然銀行口座にお金が現れると思っているのでしょう。

「周りが悪い」

最近、数年前に私の「経済的成功への突破口セミナー」に参加した若い男性に再び会いました。彼の第一声は、「あなたの助言、ダメでしたよ」でした。経済的に良くなるよう助けたいと思っているのに、こう言われてかなり傷つきました。

「最初は良かったですよ。1年目は年収135万円で25％を貯めました。2年目には貯畜が300万円になって、負債をすべてきれいに返せました。教えてもらったように、2人誘って貯蓄クラブをつくり、年に平均17・3％の利益を得ました。でも、そのうち貯蓄しなくなってしまいました。残りの貯金は今どこにあると思いますか？　家の前に止めてあるポルシェに換わりました」

この人は自分の考えを変えて、最初の2年は富裕への道を歩みました。お金儲けがどう人生に機能するかも学びました。しかし、その後の怠慢《たいまん》によって、「金の卵を産むガチョウ」を車と交換してしまったのです。自分に非があるとは認めていません。

さて、責任があるのは誰でしょう？　責任を他人に押しつけるのは、人間的ではあります。しかし、**誰かに責任を押しつけるということは、その人に「自分への影響力を与える」ということ**です。自分をよく見せるために、他人のせいにするのはとても簡単です。

会社が悪い、出世できないのは上司のせい、ビジネスパートナーが悪い……。こんな調子で会社、上司、パートナーから、悪い影響を受けてもいいのですか？　自分が責任を持たなければ、他人に責任が移ることになります。影響力は、あなたの手から、他人の手に渡るのです。

責任を持つ人が力を持つことを忘れないでください。私は、この理由から喜んで自分で責任を持ちたいと思っています。自分の人生に対するコントロールは、自分でし続けたいからです。

「過去の過ち」へのアプローチ法

過去に過ちを犯したとします。その場合の責任は、誰にあるのでしょうか？　過去の出来事と現在の結果は密接につながっています。離婚したら慰謝料の支払い、健康を損ねたら節制食、大きな借金をしてしまったら財産開示、法を犯したら監獄生活。

過去の行ないは、自動的に現在の結果につながってきます。結果は自分の行ないから生まれるという認識を持てば、責任を持って生活するようになります。

もうすでに起こってしまい、自分でコントロールができないことでも、自分の責任を過去に押しつけてはいけません。

なぜなら、自分の判断とその結果取った行為は、自分の責任だからです。**過去の過ちに対して行なった対策は、将来の生活の質の高さに関わってきます。**

未来を自分でコントロールしたいですか？　それとも、過去の過ちに引きずられ、コントロール権を手放してしまいますか？　ネガティブな感情は、自分で責任を持つと決めた瞬間になくなります。

過去10年から、自分の未来を自分でコントロールする

未来に備える最良の方法は、未来を自分で設計することです。そんなことは無理だと思いますか？　これから10年、あなたは大きな可能性を秘めています。これを認識してください。将来を自分で設計するためには、過去を認識する必要があります。時間は無意識に過ぎ去ってしまうものですが、自分の過去に何があったかを思い出してみてください。

10年前、何をしていましたか？　どんな人間で、何を考えて、何を専門としていましたか？　何を体験し、どんな目標を持ち、何を学んでいましたか？　人間関係や経済状態はどうでしたか？　書き込んでみてください。

考えれば考えるほど、責任感と自信が生まれてきませんか？　過去10年間でこれだけ変化できたのなら、次の10年でどれだけ自分を変えられるか考えてみてください。

10年前に今の自分を想像したことがありますか？

過去のどの決定が、（何をして、何を持っているかも含めて）今の自分をつくった一番の理由か考えて書いてみてください。

この決定を過去に下したのは自分自身です。今の人生も将来の人生も、自分の手に握られています。

まず、次の10年に達成することを、7年でやり抜けるように、時間を縮めてみましょう。**7年後に自分がどうありたいか、何を手に入れたいか、どんなことをしたいか書き出してみてください。**具体的に考えれば考えるほど、本書を上手に活かせるようになり、自分の希望が実現されます。

あなたの夢は実現するでしょうか？　過去を活かして、夢実現の自信を持ってください。書き出すことでポジティブな体験や結果を思い出し、意識的に自信を強めてください。

自分のコントロールゾーンを広げる4つの方法

自分でコントロールでき、影響を与えられる範囲を「コントロールゾーン」と呼びます。この範囲の外には、影響を与えられない物事があります。たとえば、あなたの運転する車に、車がぶつかってきました。相手の運転手は、あなたのパーソナルゾーンの中に入り込んではきましたが、あなたのコントロールゾーン内にはいません。

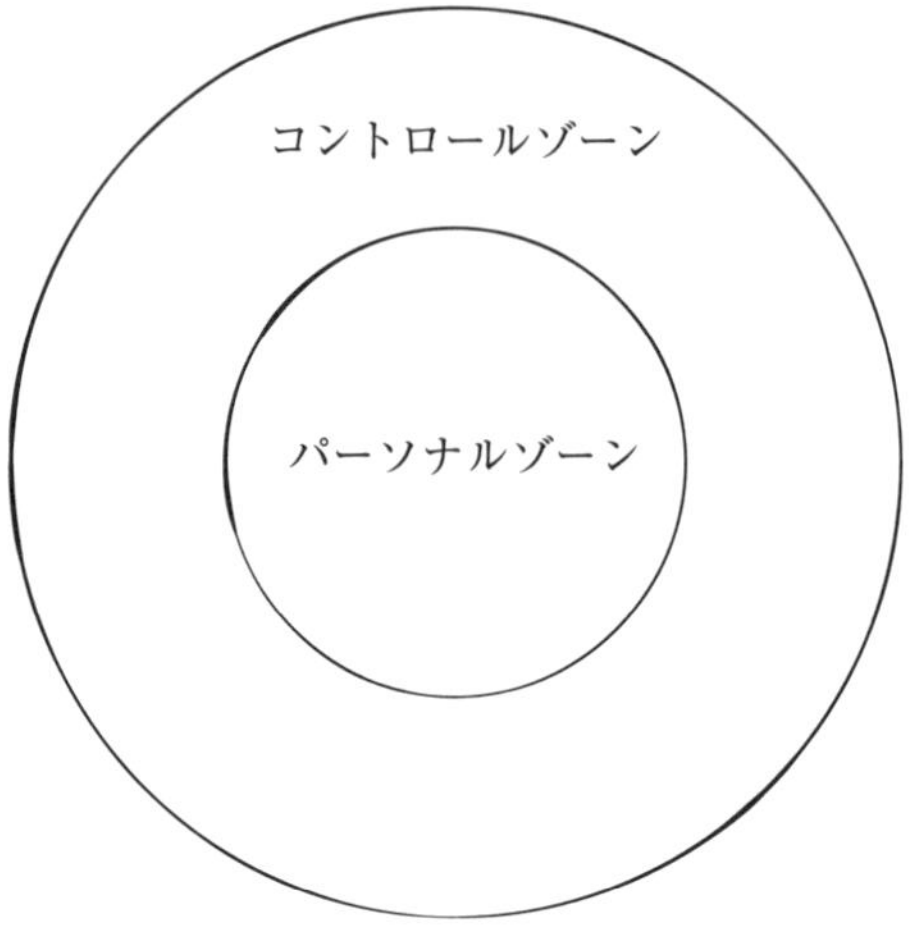

パーソナルゾーンで起きたことへの対応は自分の責任です。

ただし、パーソナルゾーンの枠というのはあいまいなものです。たとえば、子供のころは自分が責任を持つ範囲は限られていますが、20歳にもなればこの枠は広がります。この範囲は変わり続けるのです。裕福になるためには、この影響枠を広げる必要があります。

自分以外の他からの影響で問題が起きたから、自分には罪はないと考えていませんか？　これは間違いです。他人に罪をなすりつければつけるほど、自分のコントロールゾーンを狭めてしまいます。文句を言って他人を責める姿勢は、自分の弱さの証明です。

自分の状況を改善していくには、このような思考は捨てなくてはなりません。まず、自分の生活に起きたことに責任を持つことから始めましょう。それと同時に、自分のコントロールゾーンを広げていきましょう。

私は16歳でカリフォルニアに行って暮らすと決めまし

た。行ってみると、現実は想像と全く違っていました。アメリカ英語はわからず、ホテルのベッドに座って絶望しました。そもそも実生活で英語を使っていなかったので、どうやって学校に行って、お金儲けをすればいいのか、という難問を抱えて泣きました。

しかし、しばらくすると、絶望状態が、「どうにかする！」という反骨精神とプライドに取って代わったのです。せっかく頑張ると心に決めてカリフォルニアまでは来たのだから、楽ではないが頑張ると決めたのです。

自分のコントロールゾーンを広げるためには4つの方法があります。

◉1　自分の快適ゾーンから脱出する

安全で快適だとわかっている枠から脱出しましょう。

カリフォルニアのベッドに座っていたときの私は快適ゾーンの外にいました。しかし、そこでの生活に慣れてきたことで快適ゾーンが一挙に広がり、この後はどこの国に行ってもすぐに慣れるようになりました。**快適ゾーン外でも気持ちよく生活できるようになった**のです。

旅行をすると、自分の慣れた環境から離れることになります。新しいもの、違ったものを求めて旅行をするのですから、快適ゾーンからの脱出のひとつの方法です。

ある課題を習得したら、すぐにより大きな次の課題に取り組む、すると、あなたのコントロールゾーンは広がります。なぜなら、何か新しいことを学びマスターできた瞬間に、喜びと生きがいを感じるのが人の特性だからです。船は港にいるときが一番安全ですが、そのために造られたわけではあり

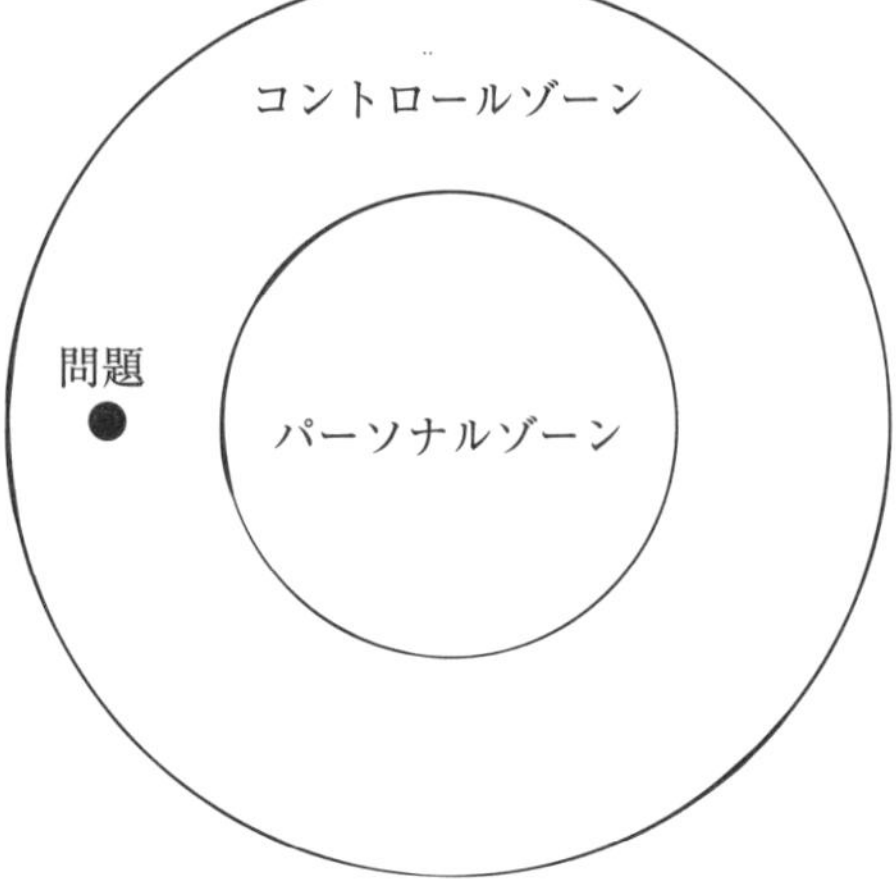

ません。

安全の確保も必要ですが、冒険や変化を求めるのも人の普遍の感覚です。私たちは新しいことにチャレンジする時代に生きています。快適ゾーンの広い人は、常に自分を枠外に置いています。何も起こらない人生は退屈でしかたないからです。スポーツ選手が常にチャレンジを求めるように、私たちも自分に新しい課題を与えなくてはなりません。

◉2　難問を利用する

難問は快適ゾーンの拡大に役立ちます。困難は、パーソナルゾーン内でコントロールゾーン外に位置付けられます。だから、枠を広げるチャンスとなるのです。

「この問題はどうやって解こう?」と考えるのではなく、**「どういう状況をつくれば、この事態が起きないようになるだろう?」と考えるのがコツ**です。新しい状況は、常に快適ゾーンを拡大します。

たとえば、パーティーに出掛けて家に帰ってみると、泥棒が入っていたとします。ドアは壊され、色々な物が盗まれてしまいました。問題の解決策は、ドアを直す、保険会社に電話をする、といったことでしょう。

しかしこの際、警報装置をつける、番犬を飼う、といった、今後このような事態が起きないような状況をつくり上げることが大切です。泥棒から侵入されることはなくなり、自分のコントロールゾーンも広がります。誰も家にいなくても家の警備は万全です。

裕福になるためには、たくさんの問題に取り組むことも必要なのです。

◉3　正しい問いかけをする

正しい問いかけは、生活の質の決め手となります。人間は常に自問自答を繰り返しながら生きています。

「自分にできるかな……」と自問する人は、どこかで自分を信じていない人です。代わりに**「どうすればできるかな?」**と考えるようにしましょう。

こうすれば、行動しないことを避けられます。「どうすれば?」と考えることが可能性を広げるのです。「どうすれば?」という問いが、コントロールゾーン外にある可能性を探る第一歩となります。

「なぜ?」ではなく「どうすれば?」と考えると、理由や言い訳ではなく解決法を探すことになります。解決法は探さなくては、見つけることはできません。「なぜ?」という質問はコントロールゾーンの拡大に結びつきません。

「どうすれば?」と自問する人が導き出す答えは、コントロールゾーンを拡大します。「どうすれば?」

を問う人は必然的に「なぜ?」も考えます。しかし、「なぜ?」としか問わない人は、「どうする?」という考えを生めないのです。

「自分には何ができるか?」と自問することも重要です。カリフォルニアで自分にできないことや、知らないことについて考えていたら、どうなっていたでしょうか。16歳の子供が外国に行けば、できないことだらけです。それにこだわっていては、お金儲けはできません。だから、まずは自分ができることに集中しました。

「何ができるか?」「何を知っているか?」「どんな可能性があるか?」、こう考えた結果、導き出された答えは、「私はドイツ語ができる＝ドイツ語の家庭教師ができる」でした。英語があまりにも未熟だったため、最初はとても大変でしたが、最終的には生徒たちのドイツ語能力は非常に上達しました。

「誰のせい?」と自問する人は、言い訳を探しています。誰かに責任を押しつけたら、そこで自分をポジティブに変化させる可能性を断ってしまいます。

さらに、責任の押しつけは、「誰のせいだった?」という過去に遡る質問となります。自分のコントロールゾーンは、時間を遡って広げるわけにはいきません。過去にとらわれると、「今」にエネルギーを費やすことができません。大切なのは、「今、何ができるか?」という質問に集中することなのです。

ここで注意してほしいのは、「どうやって?」と自問するタイミングを間違える人が多いということです。何かを決めるのにスピードが必要なことは、誰もが知っています。それでも多くの人が即決できずに悩んでしまいます。

なぜなら、「こうしたら、どうなるのだろう」と頭の中で考えてしまうからです。「どうやって」というのはいい質問ですが、何かを即決するには妨げになることがあります。

私がカリフォルニアに行く前に「行って、何をどうしよう？」と考えたとしたら、行く勇気がわいたと思いますか？

何かを決定しないといけないときには、「やるか、やらないか」と考えましょう。「やるか、やらないか」を決めるには、「なぜ、するのか？」と考えることが有効です。

なぜ、これをするのか？　何かよい理由があるか？　「どうやって？」という質問はこの時点では必要ありません。後にするべき質問だからです。

何か決めたら、「やるか、やらないか」という質問を繰り返してはいけません。問題が出てくるごとに「自分の決定は正しかったのか、何か他の道があったか」と自問してはいけません。「どうやってこの問題を解決するか」と考える代わりに、再度「やるか、やらないか」を考え始めてしまうからです。くよくよといつまでも自分の決定を悩む人は、一度決定してもすぐにそれをしてしまいます。順番は次のようになります。

1「なぜ、これをするのか？」と自問し、「やるか、やらないか」を決定する

2「どうやってやるのか？」「問題解決法は何か？」と自問する（この段階では、やるという決定を覆さないように注意してください）

自分の方向を決定するのは、自分との対話です。自分のコントロールゾーンを広げるのも縮めるのも自分次第なのです。

◉4　パーソナルゾーンの拡大

パーソナルゾーンには、自分にとって大切なものや、興味のあることなど、自分に関係するすべてが含まれます。自分にとって大切なことは、当然、自分でコントロールしたいと思います。必然的にコントロールゾーンを広げて、これを自分好みにしていこうと考えるはずです。

たとえば、Aさんは自分の部署にしか興味がないので、コントロールゾーンは広くありません。

Bさんは会社全体の方向性や顧客を増やす方法や、マーケティングについて考えています。自分の影響力を強めるために、他の部署の人とも会話を交わしています。本社を訪問しないと気が済みませんし、競合他社の動きについても把握しています。このようにして、Bさんのコントロールゾーンはどんどん広がっていきます。

顧客の範囲は、その会社の哲学に比例しているという研究結果があります。既存の顧客ニーズのみ把握している会社Cもあれば、市場を広げるために新規の顧客開拓に力を注いでいる会社Dもあります。

後者は「なぜ自社製品が売れないのか？」「どうすれば売れるようになるのか？」を考えています。D社のほうが、視野が広く、将来新規顧客が増えるのは間違いありません。

責任と代償の関係とは？

私たちは、自分のやったことにも、やっていないことにも責任があります。責任から逃れたい。そうすれば、楽になれると思うこともあるでしょう。でも、逃れた結果、払う代償は高くなります。他の人の言うなりに人生を送るのでは、可能性を最大に活かして、自分を満足させることができません。成功とは、自分のベストを尽くし、「今、生きている」と実感できることなのです。

責任を持つことは資産形成の絶対条件

自分の財務状態について、よくわかっていない人はたくさんいます。学校で「資産を増やすには？」ということを習った人もいないでしょうし、親から教えられる人も稀でしょう。現代社会では、人は買うことばかりに興味が向いています。過剰消費があるのみです。

あなたの周りにいる人は、いいお手本になりますか？　いかにお金がないかを自慢することが流行っていませんか？「もうお金がなくなっちゃった。次に入るまでどうしようかなー」とか「金は天下の回り物」などと言う人に囲まれていませんか？　あなたの周りで、お金は悪者扱いされていませんか？

第1章で述べたように、お金はとても大切です。もし、金銭問題を抱えたら、お金がいかに重要か、身にしみてわかるはずです。経済的不自由は避けなくてはなりません。そのために、あなたは責任を持たなくてはならないのです。

お金がすべての問題を解決してくれると思うのは間違いですが、お金を通じて、興味深い人に出会えたり、旅行ができたり、自分の可能性や興味が広がる、という現実を無視してはいけません。人の将来は、「お金で何をするか」「お金を儲けるために何をするか」を見れば、想像できます。私達は自分の将来のデザイナーです。未来の人格形成は、今日すでに始まっているのです。

古代バビロニアには、次のような言い伝えがあります。

「賢明な行為は人生の助けとなり喜びに導いてくれる。賢明でない行為は苦しみをもたらすのみ」

お金は、多くの人が考えているほど悪者ではありません。裕福になるのは、思っているより簡単です。ただ、そのためには、自分の思考や行動に責任を持って、お金を見守る必要があります。貧困は、責任を放棄することで発生します。

「どうすれば裕福になれるのか?」については、これからお話ししていきますが、7年で裕福になるには「自分で責任を持たなくてはならない」と自覚しておいてください。

- **人生と資産は、自分で責任を持つ**
- **快適ゾーンを抜け出す**
- **困難をチャンスと捉える**
- **問題定義は正しく行なう**

・パーソナルゾーンを広げる

自分では影響を与えられない事態もあるでしょう。でも、自分で考えてその事態に対応することは可能です。こうして、自分にコントロール権を取り戻しましょう。

自分で責任を持てば、選択に対する判断を変えずに自分の立場を貫けます。自分の人生を生きることが可能になり、満足な人生を送れます。

自分で責任を持って7年で裕福になりましょう。

ボード・シェーファーからのマネーアドバイス

- すべての出来事に責任があるとは限らないが、その出来事をどう解釈して対応するかは自分の責任
- 誰かに責任を押しつけるということは、その人に自分への影響力を与えているということ
- 過去の決定は現在の結果に、今の決定は将来の結果につながる
- 何が欲しいか決めなくては手に入らない
- コントロールゾーンを広げる４つの方法
- １　自分の快適ゾーンから脱出する／２　難問を拡大へのチャンスと考え、今後、困難に陥らないような方策を考える／３　正しい質問を投げかける／４　パーソナルゾーンを広げれば、コントロールゾーンも広がる
- 年をとったら、やらなかったことを後悔する
- 自分で責任を持たなければパワーは持てない。他人が描いたシナリオで生きるだけの人生になる
- 責任を持てば、ネガティブな感情がなくなる
- ７年後に資産がいくらになるかは自分次第

第3章

1億円を必ず手に入れるのは奇跡？

「1年でどれほどのことができるのかは過大評価されがちだが、10年でできることは過小評価される」

全米No.1メンター　ジム・ローン『The Power of Ambition』より

これから6カ月間毎月500万円もらえるのと、7年後に1億円もらえるのなら、どちらを選びますか？　500万円と「スーツケースいっぱい（1億円を生む）のスキル」を手にするのなら、どちらを選びますか？

短期的で今よりお金を儲けるには、少し頑張ればいいでしょう。でも、1億円儲けるためには〝少し〟頑張るだけでは足りません。

現状を変えるための5つのステージ

現状を変えるためには、ステージを変えていく必要があります。本書では、根本的に経済状態を変えるために必要な「5つの段階」に触れます。

◉第1ステージ　「今の状態に不満足である」と認識する

当然ですが、何かを変えるためには、何かをしなくてはなりません。そのためには、現状に不満があると認識することが大切です。

【例】溜まり過ぎている書類の整理。

対処法は、机の上に何もなくなるまで整理し続けると決めることです。

◉第2ステージ　願った状態に到達しないのなら、自分のとった対策が不十分だったと認識する

結果が得られる対策を探さなくてはなりません。改善策にはどんなものがあるのか、がむしゃらに何かするのではなく、スマートに改善する方法を自問してください。願った結果を得られないのは、「いい対策ができていないから」だと認識しましょう。

【例】毎日毎日働いても、月末には十分なお金を儲けていない。

新たな対策法やプランが必要です。解決法を探すために専門書を手に取る人も多いでしょう。本書には具体的なテクニックや対処法が載っています。ただ、この段階ではまだ長期的で決定的な変化は起こせません。

◉第3ステージ　成功している他人を参考にする

新たな対処法で状況は改善しているが、他人と比べるとあまりスマートに進んでいない。こういった場合、成功した他人を参考にするのが、ひとつの手です。

【例】自分の仕事に時間もエネルギーも投入しなければならないのに、思いがけない難問が現れて混乱が起き、まずそれを解決しなくてはならない。

これを解決するのは簡単ではありません。答えは、パーソナリティー（個性）を強めることです。時間はかかりますが、この段階では自分の成長に時間をかけてください。もし自分が尊敬してお手本にしたい人がいれば、参考にしてください。

◉第4ステージ　ものの見方を変え、世界観を再構築する

色メガネ（偏《かたよ》ったものの見方）をかけているせいで世界像がゆがみ、誰もが互いに争っているかのように見えることがあります。その場合は、色メガネをかけ替え、新しい世界を見てください。

【例】一度誰かにだまされて、誰も信じられなくなった人がいるとします。何事も細かくチェックし、あらゆることを不審の目で見ています。こういう人は性格が悪く、ネガティブなため、誰もつき合い切れなくなります。自分で自分の首を絞めています。

対処法は、新しいメガネで世界を見ることです。現実はひとつではありません。メガネをかけ直して、自分の認識を変え、世界観を描きなおしてください。

マネジメントトレーナーとして有名なシュテフェン・コベイの話をご紹介します。

ある日、コベイは講演会に向かって電車に乗っていました。電車の中で講演会の原稿を読み直そうと思ったのですが、できませんでした。

3人の子連れの男の人が乗り込んできたからです。子供たちはすぐに騒ぎ出し、座席の上で飛び跳ねて、周りの乗客に迷惑をかけます。しかし、父親はぼんやりと外を見ているだけで子供に注意をしません。子供たちの悪ふざけは段々ひどくなり、周りの乗客の上着を蹴ったり、お年寄りの髪の毛を引っ張ったりし始めました。それでも、父親は何も反応しません。

しびれを切らしたコベイは、父親に「すみません、子供たちが乗客に迷惑をかけているから、おとなしくさせてください」と言いました。

冷静に要求できたと満足しながら席に戻ったところ、ぼんやりと外を見ていた父親がゆっくり彼の

ほうを向いて小さな声でこう言いました。

「ああ、子供たちが騒いでたんですね、すみません。気づきませんでした。数時間前に妻が亡くなって何も考えられないんです。子供たちも何を考えていいかわからず、自分たちなりに反応しているのだと思います。すみません」

メガネには自分自身や他人を幸せに見せるメガネがあります。欠点や落とし穴ではなく、チャンスを見せるメガネもあります。

「かけるメガネによって、世界の見え方には違いがある」ことを忘れないでください。

お金のせいで人々がいがみ合うことがあります。一方で、病院を建てたり、飢餓《きが》を緩和したり、人命を延ばすための医療研究を助けるのはお金です。

お金の力でより良い環境がつくられる、といったポジティブな面もあるのです。お金を儲けて幸せにもなるには、あなたがどのメガネをかけるか次第なのです。

◉第5ステージ　自分のアイデンティティを変える

一番大きな変化をもたらす秘訣は、自身に対する認識を変えることです。

【例】Aさんは勤勉なサラリーマンです。色々なテクニックを習得し、人格形成に努めたことで、周りに人が集まる素晴らしい性格をしています。仕事においては、顧客を獲物だと思いませんし、商談が成立したらそれで終わりだとも思いません。助言をして、信頼してもらえることを誇りに思っています。

実はこのレベルでは、まだ十分とは言えません。なぜなら、顧客が自分からAさんのもとに自発的に来るレベルに至っていないからです。

Aさんが自分を売り手と見なす場合、彼は顧客の所に行かなければなりません。しかし、彼が自分を専門家と見なせば顧客が彼のもとに来てくれます。Aさんが自分自身をどのように見ているか、で大きな違いを生むということです。

自分をセールスマンと見るか、エキスパートというビジョンを持つか、によって結論は違います。自分のイメージが未来の自己実現の基礎になるのです。

以前、自分は犠牲者だと思い込んでいるビジネスパートナーがいました。しかも、「周りは悪者ばかり」だと決めつけて、自分ほどだまされたり、誤解されている人間はいないと信じていました。たしかに、ある会社から3回も詐欺に遭い、警察に詐欺を証明できずに大量のお金を失いました。

これが、自分はこの世界で生き抜くにはいい人過ぎる、自分は詐欺に遭う人間だという信念を強めたことは確かです。残念ながら契約にしばられて、加害者の会社との関係を断ち切ることができませんでした。もっとも彼自身、心から関係を断ちたいとは思っていませんでした。「自分は犠牲者だ」というイメージに従っていたのです。

次第に彼は、私にもネガティブな態度を押しつけてくるようになりました。

気づくと私は、彼の会社の「安全計画」を立てていました。これは、新しい会社を設立する第一歩としては賢いステップではありません。まず売り上げがなくては、守る対象がないからです。「どんな物事でも、どのような失敗でも、ポジティブな面があり、その面を見て、次に生かす」という私のポリシーに沿っていません。

私は机を叩いて「ストップ！　こういう方向でものを考えたくない。3回詐欺に遭ったことで何がよかったのか、まず考えよう」と提案しました。

「よかったことだって？　何を考えてるんだ！」

彼は真っ赤になり、のどを詰まらせそうになりました。しかし、結論としては、よかったことが見つかり、援助してくれる人が現れて、大金を儲けることができました。

裕福になる奇跡の仕組み・5ステージ

あなたが「小手先のテクニックで苦労なしに1億円儲けたい」と思っているのなら、本書は役に立ちません。本書は、ただ温めれば食べられるインスタント食品のように、ただ読むだけで裕福になれる本ではないからです。

本書の効果を出すためには、5つのステージで自分の変化を体験しなくてはなりません。そうすれば、奇跡が起きるのは間違いありません。

あるとき、ペトロ（イエス・キリストの十二使徒の中の第一人者）がイエスに「困ったことに、明日税金を払うためのお金がありません」と言いました。

イエスは「大丈夫です」と答えました。ペトロは困って、もう一度「明日、税金を払うためのお金がないのは問題ではありませんか？」と問いただしたのですが、「問題ありません」という答えが返ってきました。

自分の周りに、問題解決のため、やり抜く人がいるのはありがたいことです。やり抜く人は、問題解決のために、朝は早く、夜は遅くまで、必要な努力をします。問題を解決するまであきらめずに頑張り続けます。やり抜く人には絶望的な問題というのは存在しないので、「なんで私にこんなことが……」と嘆《なげ》くこともありません。

イエスの問題解決法はいたって簡単でした。ペトロに「魚釣りに行きなさい」と命じたのです。ペトロは元漁師なので、必然的な思考回路と言っていいでしょう。結果、最初に釣った魚が口にくわえていたコインで、税金を納めることができました。

この話の教訓は5つのステージで解説できます。

ステージ1：奇跡は、自分が何かをするから起きる（税金を払いたいと動き出す）
ステージ2：問題解決のテクニックを考える（ペテロは釣りがすでにできているが、それが問題解決とは考えていなかった）
ステージ3：有能だと知れ渡った人材に会いに行く（「答えを見つける力がある」から、ペテロは迷わずイエスに会いに行った）
ステージ4：絶望的な問題などないと悟る（税金を払うことは難しくない、税金を払うために、魚釣りをするという解決策を見つけられるという風に世界観が変わる）
ステージ5：「問題なし人間」になる（この世に解決できないことはないと確信できる人間になる）

世界には奇跡を起こした人がたくさんいます。奇跡とは、空間や時間という概念を超えて起こり、自分の今までの経験とは矛盾する出来事です。自分では想像できない出来事を、奇跡と定義できます。ある程度の資産や、ある程度の収入を得ることが、奇跡に見える人もいるでしょう。２倍の月収がある自分は想像できても、５倍や10倍になると想像を絶する奇跡が起こらなければ不可能だと感じることでしょう。

昔の私には、月収１００万円は奇跡に思えました。月収２５０万円など全く想像できませんでしたが、気づけば５００万円の月収を稼いでいました。後々考えると、奇跡だとは思えません。なぜなら、自分がどうやって奇跡を貴石に変えたのか知っているからです。

奇跡が起きるのは、第３から第５ステージで自分の変化を体験してからです。変化するために準備しましょう。

ただ座って奇跡が起きるのを待つのは、スポーツ選手がテレビでオリンピック競技を見て、金メダルを夢見るようなものです。待っていても奇跡は起きません。自分で奇跡を呼び起こしましょう。そのためには「常に学び、成長する」ことです。

「常に学び、成長する」ことは、私の人生観でもあります。成長しない人は死んでいるも同然です。成長こそが人生です。常に学び、成長することで、人は生きがいを感じられます。自分が、ベストの人間となるのが、経済的自由を手にするカギとなります。

人間は読んできた本で出来ている

裕福な人の家には、図書室がよくあります。お金があって図書室をつくれるからでしょうか？　それとも裕福になるまでに、たくさん本を読んできたからでしょうか？

賢者は「人間は読んできた本の積み重ねで出来上がっている」と言います。裕福になるためには、読書が必要です。

アイデアとは、単語の組み合わせだと言えます。新しい単語を覚えるごとに、貴重なアイデアが増えます。さらに、単語が増えると並行して収入が増えていきます。

今でこそ本は生活の中にとけ込んでいますが、昔はそうではありませんでした。19世紀に勉強した人たちは、ほとんど自分で本を持っていませんでした。

読書の数時間で、先人の長年の経験と研究の本質をつかむことができるのは貴重です。自分で過ちを犯す必要もありませんし、どこかに必要な知識が書かれています。私たちがすることは、本のどこに情報が書いてあるかを探すことくらいです。

私たちには表現と報道の自由があり、印刷芸術を発明しました。あなたは本をどう生かしていますか？　人生の5分野（健康、経済状況、人間関係、感情、人生の意義）についての本を読んでいますか？　週に2冊の本を読めば、1年で100冊は読めます。

7年なら700冊。700冊もの本を読めば、必ず自分は変えられます。

「そんなに読む時間はないよ！」と思うかもしれません。そこで、あなたがまず読むべきなのは速読の本です。なぜなら「時は金なり」だからです。

わずか3時間、速読の練習をするだけでも読む速度は速くなります。３００ページの本を2時間以内に読むのも不可能ではありません。

もうひとつ時間を節約する方法をお教えします。興味深い人に会ったら、スモールトークをする代わりに、その人の読んだ2、3冊の本について聞いてみましょう。それから、「なぜ、その本がいいと思ったのか」聞いてみてください。

たちまちエキスパートによる無料の要約を聞くことができ、数分で自分がその本を読むべきかを判断できるでしょう。私はこの方法でお宝本に出会うことがよくあります。

ぜひ、読書で自分を変えてください。

サクセスジャーナルを書いてみよう！

ジャーナルとは、あなたが自分のために書く本です。毎日サクセスジャーナルを書くことをおすすめします！　その日に成功したことをすべて書きましょう。「褒《ほ》められたこと」「頑張ったと思うこと」「目的に達したこと」「誰かを幸せにできたこと」、すべて書いてください。

私たちの脳は、残念ながらいつも頼りになるとは限りません。私たちは成功より失敗を11倍も長い期間覚えています。これが、自分自身をネガティブにしてしまう理由です。

教育でも、ネガティブさは増強させられてしまいます。12歳までの子供は、「ダメ」を「いい」の7倍聞いているそうです。ドイツメディアで流されるニュースの80％もネガティブな話題です。ですから、意識的にネガティブさを排除して、少なくとも自分が対面した事柄に対しては、ポジティブに捉えるように試みる必要があります。

過去の偉大な人の日記は、今でもたくさん残っています。面白いのは、有名になる前の、若い頃から日記を書き始めているということです。将来、自分が著名になると知っていたわけではありません。この事実から、日記をつけるのは将来の成功に何か関係があるのかもしれないと確信できるのではないでしょうか。いずれにせよ、書くことはポジティブな思考を長持ちさせてくれます。

自分について書くときには、当然ですが、**自分を重視してください**。他人を重視して書くべきではありません。

私は毎日働き始める前に、サクセスジャーナルを書いて自尊心を高めるようにしています。第7章に、自尊心と収入の直接関係について述べています。

アイデアジャーナル（私のアイデアすべて）、人間関係ジャーナル（自分が喜んだすべて）、認識ジャーナル（自分の失敗から学んだこと、失敗がムダにならないように）、その他いくつかのジャーナルも時間を見つけて書いています。

自信は偶然の産物ではありません。自信は持ち過ぎるということはありません。立ち止まってしまうか、前進できるかは、次の一歩を踏み出す自信を持っているかどうかにかかっているのです。

自尊心があまりない人は、リスクを負わないことで自分を保護しようとします。しかし、リスクを

負わない人は、何もできず、何も持てず、何者にもなれません。

自信が人生に違いを生み出します。**サクセスジャーナルは自信を体系的、かつ、効果的に強めるために最適**です。

ここで、**今日か昨日、うまくいったことを書き出してみましょう。**何をやり終えましたか？　誰を助けてあげましたか？　誰かに褒められましたか？

何も書くことが浮かばない場合、あなたは自尊心を欠いている可能性があります。書けなかった人ほど、サクセスジャーナルをつける意義があります。

もし自信満々の人でも、まだ開発の余地があります。次のステップに進むかどうかを試すために、次の質問に答えてください。

絶対に失敗しないとわかっていたら、どんな目標を達成したいですか？

たとえば、総理大臣、作家、F1チャンピオン、不動産王になりたい、○○さんのビジネスパートナーになりたい、熱帯雨林救済活動をしたい、といった程度のことでもかまいません。

このままでもまあいいか……という態度は、成功への決定的ステップを踏み出す妨げになります。「現状が快適」という言い訳で、成功を信じていないという事実を隠しているのです。

〈パワーヒント〉ジャーナルを書くべき理由と効果について

自信を強め、自尊心を高めるために、毎日ジャーナルをつけよう。

- リスクを負えるかどうかは自信にかかっている
- リスクなしには成長できない
- 自己価値の認識が自尊心を高める。生活環境、教育、脳の仕組みによって生まれるネガティブさは、自尊心確立の大敵。ジャーナルをつければ自分の価値を認識できる
- ジャーナルを書くと自分の長所に集中できる
- しばらく続ければ、「○○がうまくいったら、今晩ジャーナルにこのことを書ける」と考えるようになる
- 期待をすることは、欲しい結果を手に入れることにつながる。自尊心が何を期待し、欲しているのかを明確にする

セミナーでスピード学習する

セミナーは本に比べて、聞く、見る、感じる、そして、経験できるというメリットがあります。**様々な感覚を使えば使うほど、学習の効率、効果は上がります。**

さらに、セミナーの講演者と直接話すこともできます。私はいくつかの大きなセミナーでトレーナーと個人的に知り合い、人間関係を築くことができました。

セミナーには他にもメリットがあります。

毎日の仕事から離れ、距離を置いて自分を見つめ直すことができます。これで、いわゆる「横方向の思考」ができるようになります。つまり、考え方を180度転換し、今までと違った新しい方向性を見つけることができるようになります。この思考ができるようになると、自分の直感にも注意を払えるようになります。

また、志を同じくする参加者たちと同じ空間に身を置くことで、集中的に学ぶ状況が整います。知り合った人たちと、将来的に貴重な関係を結ぶことも可能です。

質の高いセミナーの参加費は高いため、参加に二の足を踏む人も多いでしょう。私はまだ財産がない頃に、年4回はセミナーに参加すると決めました。金銭的な余裕はあまりありませんでしたが、自分を成長させるためにお金を使わないのは、もったいないとわかっていたからです。

セミナーに支払う費用は、将来、無知なために支払わなくてはならない金額に比べればたいしたことありません。私は時が経つに従い、どれほど高いセミナーでも参加するようになりました。150万円のセミナーにも参加したことがあります。参加した後2カ月以内にセミナー参加費の2倍以上を稼ぎました。

手本を見つけて成長する

人生は、真似することで飛躍します。

考えている以上に周囲からの影響は大きいのです。本の情報や勉強からよりも、周りの人から受けた影響が、自分を形成する基になっています。

自分より優れた人に囲まれていれば、あなたは成長します。自分より劣った人に囲まれていると、停滞するのみです。

人間は、自分のことを自分で決めていると思い込んでいるので、周りから多くの影響を受けていることに気づけません。

「犬と一緒のベッドで寝ると、ノミと一緒に起きることになる」と、私のコーチは言いました。

このテーマは重要で扱いが難しく、生まれる結果の違いが大きいため、1章分を費やして解説しています。「手本を見つけ、真似する」「いい仲間に囲まれる」ことは、裕福になるためには欠かせないのです。第13章「コーチとエキスパートネットワーク」に詳しく書いていますので、ぜひ読んでください。

信じ続ける奇跡には勇気が必要

この章の初めに、「1年でどれほどのことができるのかは過大評価されがちだが、10年でできることは過小評価される」と引用しました。

現状と大きな違いを生むには、広範囲にわたる変更が必要です。これには時間がかかります。成果はすぐには現れないかもしれませんが、**いつか突然「爆発」し、出現します。**

竹を育てる人は、まず苗を土に植えて灰を撒《ま》きます。タケノコが出るまでに4年かかります。4年間毎朝水をあげます。すると、4年後にタケノコが頭を出します。その後、わずか90日で、竹は20メートルの高さにまで伸びます！

4年の間、本当に土の中で竹が生きているのかはわかりません。でも、育てる人は出ると信じて待ちます。長期的に考える人には、この信念が必要です。勇気をなくさないことが秘訣です。

奇跡にリスクはつきもの

7年間で財産を得るには、リスクを負う覚悟が必要です。

「怖くなければ、牛と戦うのは普通。そして、怖いから牛と戦わないのも普通。でも、怖いと思っている人が牛と戦うことには意義がある」と、ある闘牛士は言いました。

ある大富豪はこう言っています。

「本当にやって価値があったことは、初めはやるのがとても怖かった」

次のステップに向かおうと思ったときに、なんの不安も感じなければ、その試みはやる価値が低いと言えるでしょう。

リスクを負う覚悟を持つために、次の文章を読んで助けにしてください。

・今までと同じ道をたどるにも、リスクがあるかもしれないことを忘れない。道は安全だったわけではなく、いつも通っていたから、慣れていただけかもしれない。
・人生はゲーム。リスクを負わなければ、勝つこともない。
・世の中には安全は存在しない。機会が存在するだけ。
・すべてすぐに始めよう。大成功を収めるまでに、準備するべきことがたくさんある。
・「何も失敗をしたことのない人は、何もしたことのない人だ」セオドア・ルーズベルト（アメリカ合衆国第26代大統領）
・無知の痛みは、痛いと知るより大きい。
・「行動にはリスクとコストがかかる。でも、安楽に何もしなくてかかるリスクとコストはもっと長期的で高い」ジョン・F・ケネディ（アメリカ合衆国第35代大統領）
・失くすことに不安を持ったら何も手に入らない
・「リスクはおかしなさい。床より下に落ちることはありませんから」ダニエル・S・ペーニャ

（「一兆円の男」として有名な世界的ビジネス・コーチ、石油会社で資産を築く）

裕福になるためには、自分を変えなくてはなりません。変化するということは、なんらかの形で、慣れ親しんだ環境から離れるリスクがあります。

成長の種は、私たちの快適ゾーン外にあります。私のメンターはいつも**「快適ゾーンから出なさい、問題がひとつ解決したら、すぐに次のもっと大きな問題にかかりなさい」**と言っていました。

この本には、「利子だけで生活できる財産を、20年以内につくるプラン」が書かれています。でも、本書の内容をとことん使いこなせば、7年でやり遂げることもできます。奇跡は変化する人に起きるのです。そのためには快適ゾーンから抜け出し、リスクを負わねばなりません。そして、幸運も必要です。

幸運は準備のたまもの

人生において、幸運に出会うに越したことはありません。ただ、幸運とは、とても欲しいものが、努力することなく手に入ることではありません。

あるとき、プロゴルファーのベルンハルト・ランガーは、打ったボールが木の幹の間に挟まって落ちてこない状況に陥りました。試合に負けたかと思ったときに、ランガーは木に登って、ボールをグリーンの真ん中に叩き出し、試合に勝ちました。あるレポーターが「ランガーさん、これはラッキーでしたね」と言ったところ、「そうですね、訓練をすればするほど運がついてくるんですよね」と答えました。

驚異的な幸運は、長年の準備のたまものの結果であることが多いのです。

幸運は3つの要素でできている

お金にとてもツイている人がいます。この幸運をよく観察すると、裕福な人と同じような準備をし、幸運をつかんでいます。お金にツイている人は、倹約することを知っている人です。ある程度の資産を築き、チャンスをつかむ方法を学んだ人です。

幸運はチャンスから始まります。チャンスが近づいているのに、気づかずに見逃してしまう人もいます。請求書を払うために走り回っている人は、そのことで頭の中がいっぱいでチャンスに気づけません。

また、チャンスに気づいても、行動を後回しにしてしまう人もいます。いい機会はたちまち通り過ぎてしまい、長くは待ってくれません。すぐに捕まえましょう！

ラッキーな人はチャンスに気づき、パッとつかみます。

- **資本の節約**
- **チャンスに気づく**
- **即断即決してチャンスをつかむ**

幸運は、この3つの要素があってはじめて手にできるのです。

とてもラッキーな人とは、幸運を出迎え、リスクを負う人です。バラの花を見ても、シャベルを持っていない人は多々います。

ラッキーな人を目の当たりにしたとき、私たちはその人が、楽に幸運にめぐり合ったと思ってしまうものです。幸運をつかむ準備をしていたことも、失敗を繰り返しながら成長していたことも、見ようとしません。ラッキーな人が、いかに準備をしていたかを知ったら驚くでしょう。

理解できないことが、奇跡や幸運と見なされることがよくあります。でも、ここまで読んでくれたあなたは、**奇跡は「つくられるもの」**だということを理解したと思います。同様に、**幸運も長年の準備の結果**なのです。

裕福になるためのすべてのことに責任を負わずに、自分が不運だと考えるのは、言い訳に過ぎません。もし、自分で責任を持てば幸運はプランできます。皆そのチャンスは持っているのです。

奇跡や幸運をつくるために、責任を持つ覚悟はありますか？

もしあるなら、奇跡は起こるでしょう。もし責任を持たなければ、「運がなかったんだな（どうしようもないな）」と裕福になることをあきらめることになります。くり返しますが、自分で責任を持てば、幸運はプランできるのです。

奇跡は簡単に起こせるか？

次の章を読めば、経済的自由を手にするためにやることに、難しいものはないとわかっていただけるでしょう。裕福になるのは簡単、というのは事実です。お金を生むための個々の法則を理解して、それに従うのも簡単です。

今日から、5分間サクセスジャーナルを書く時間はとれますか？　3カ月に一度、セミナーに参加できますか？　経済的自由を目指す同志を見つけることができますか？　こんなことは簡単でしょう。

しかし、簡単なことを続けるのは、簡単ではありません。規律を持って生活するのも、習慣を変えることも簡単ではありません。今まで、やると決めて、結局やらなかったことが何度あるでしょう。続けると決めて、続けなかったことが何度あるでしょう。

第5章を読めば、規律を持った生活、習慣の変更は、新たに信念を持つことでできると理解してもらえると思います。信念なしに習慣を変えることは不可能ですが、信念を定めれば、新しい習慣に問題なく従えます。

準備のできていない人にチャンスが巡ってくることは稀です。準備は常に自分の気の持ちようから生まれます。

すべては自分に責任がある。全責任を負うことは、奇跡を起こすためには欠かせません。全責任を負う人だけが、道を真っすぐ突進し、経済的自由をつかむことができます。

ボード・シェーファーからのマネーアドバイス

- 1年でどれほどのことができるのかは過大評価されがちだが、10年でできることは過小評価される
- 本当に必要な変化は、5段階のステージを経て達成される
- 1億円保持することより、億万長者になって自分に奇跡を起こすことのほうが満足感が得られる
- 自尊心のない人は自己保全に走り、リスクを負えない
- 奇跡にはリスクを負う決意が必要
- 次のステップが簡単に踏み出せるなら、試みようとしていることの価値は低い
- 驚異的な奇跡は、よく見るとほとんどの場合、地道な長年の準備の積み重ねの結果
- 自分の人生でどれだけの幸運と奇跡を手に入れられるかは、自分の責任にかかっている

第4章

裕福になる方法は知っているのに、お金持ちが少ない理由

「負けないようにプレーするのと、勝つためにプレーするのでは大違い」

ダニエル・S・ペーニャ『Raising Capital』より

富裕になるための法則は簡単に学べます。それにもかかわらず、なぜ裕福になれない人が多いのでしょうか？　それは、**裕福にならずに現在の経済状態のままでいることも簡単**だからです。

毎日サクセスジャーナルを書くことも、書かないことも楽です。毎月収入の10％を倹約することも、お金を使うことも簡単です。お金を多く稼ぐことも、少なく稼ぐことも簡単です。どの道を選ぶかは、信念によって違ってきます。

お金を持っていない人に共通しているのは、資産を増やせないいくつかの基本的な姿勢を持っているということです。

「数字化」と「ビジュアル化」ができているか

あなたにとって富とはなんですか？　いくらのお金を持てば富を得たと言えるのでしょうか？

人生は通信販売のようなもので、欲しいと思ったものが送られてきます。「いつかある程度のお金を持ちたい」というのでは、あまりにもあいまいです。

通販会社に「何かいいものを送って」と注文することはないでしょう。裕福になるには、数字が必要です。ここで、**自分は「いつ」「いくら」の資産を持つのかを決めて、書いてみてください。**

＿＿＿＿年に＿＿＿＿＿＿円　持つ

この数字を明確にしない限り、あなたにこの金額が送られてくることはありません。数字は将来もっと上げることができるので、今思う数字を書いておいてください。

富を明確に定義するには、**「具体的な数字を決めること」「数字を書き出すこと」「ビジュアル化すること」**の3点が必要です。

布団を想像してみてください。

「ふ・と・ん」という言葉が思い浮かびましたか？

それとも、布団の画像が頭に浮かびましたか？

きれいに敷《し》かれた布団、それともぐちゃぐちゃの布団ですか？

誰か寝ていますか？

潜在意識は数字や文字ではなく、映像に反応します。本当に裕福になるためには、潜在意識を味方につけましょう。そうすれば、自然に必要な行動がとれるようになります。

潜在意識に映像を送りましたか？　私のように時計や車や家のカタログを切り抜いて持ち歩いた経験があれば、見るたびにこの映像が再現されることに気づくと思います。

脳はビジュアル化なしでは、「地図」なし状態で、進む方向を決められません。刺激過剰な生活を送っているだけでは、どこにもたどり着けないのです。

あるとき、6年間で機械工から会社のマネジメント職にのし上がった若者と知り合いました。彼はこう話してくれました。

「自分の会社で年に何百万も稼いでいる上役たちの写真を手に入れました。どうしてもこの人たちのようになりたいと思いました。ひとりの写真を切り取って紙に貼り、自分の写真をその隣に貼りつけました。

毎日何度もこの写真を眺めては、少し目を閉じ、成功した人たちの輪に入っている自分を想像しました。何を話すだろう、どこに旅行するだろう、何を飲み食いして、どういう感情を持つだろう、とイメージしました。

1年後には、自分も成功できると確信しました。自分で自分に、富を要求したのです。そうすると、信じられないくらいエネルギーがわいてきました。夢に集中している限り、なんの不安も疑いもありませんでした。頭の中では、現実より前に目的に達していたんです」

結局、彼は6年で目標を達成しました。

私自身、10年前に想像したものをすべて手に入れています。当時は奇跡としか思えませんでした。入手できたのは、まさに当時イメージした通りのものでした。ですから、映像イメージが現実化するというのは私が証明済みです。ただし、イメージ以上のものは何も入手できませんでした。

〈パワーヒント〉富を手にするビジュアル化のコツ

自分の希望を具体化し、夢のアルバムをつくりましょう。

- 富を得る上で、重要になると思う対象の写真や絵をアルバムに貼る
- 自分がしたいこと、手に入れたいもの、なりたいものを考える
- 自分の感情に訴える写真や絵を集める
- 夢のアルバムをできる限り頻繁《ひんぱん》に見る
- 目を閉じて、それが現実となったときを五感で想像する

資産のない人は、目標を変えがち

気分が良いときには目標を高く掲《かか》げがちですが、調子の悪いときには目標を下げるのが人間です。私たちの潜在意識は常に働いています。ですから、一度決めたら、最終目的はできる限り変えないようにしましょう。目標が大きければ大きいほど、変える必要はありません。

実現可能で小さな目標を持ったほうがいいのか、大きな夢を持ったほうがいいのか、と悩む人は多いでしょう。私の考えは、**大きな目標は、小さな目標より実現するのが簡単**です。その理由は次の通りです。

まず、目標が小さい場合についてお話しします。目標が小さいと、何か問題が起きた場合、問題が目標を覆《おお》い隠してしまいます。

◉大きな目標のほうが小さな目標を達成するより簡単

目標を見ようとしても、見えるのは問題で、目標は見えません。**目標以外に目が向くと、不安になり、自分に疑いを持つようになってしまいます。**そして、多くの人は、問題から逃れるために、新たな目標を探します。

もちろん、新しい目標の前にも問題が発生し、それを回避するために、また新しい目標を探すようになります。

では、小さな目標ではなく、大きな目標を持ったらどうでしょう？　この場合、問題が目標をすべて覆い隠すことはありません。**自分の希望を見失うことなく先に進めます。**

さらに、目標を大きく持つことにはメリットがあります。

大きな目標が、発見力を高め、可能性を広げてくれます。人間は、自分が価値を見出しているものにしか注目しない傾向があります。大きな目標を持てば、興味が広がり、さらなる可能性を見つけたり、新たな人間関係を築くことになります。

裕福な人は、若いころから大きな目標を持っています。目標が大きければ大きいほど、問題は小っぽけな存在となります。

ＣＮＮの創始者のテッド・ターナーを例に考えてみましょう。

彼は子供のころ、父親のモットーが「一生かけても達成不可能な目的を目指す」ということだと知りました。そして、世界で一番大きいテレビ局をつくると決意したのです。

達成するまでに、何か問題が起きたでしょうか？

「どんな問題が起きようと、自分の目標に比べれば小さなこと。だから、問題に埋もれてしまうことなく目標を達成できた」と彼は語っています。

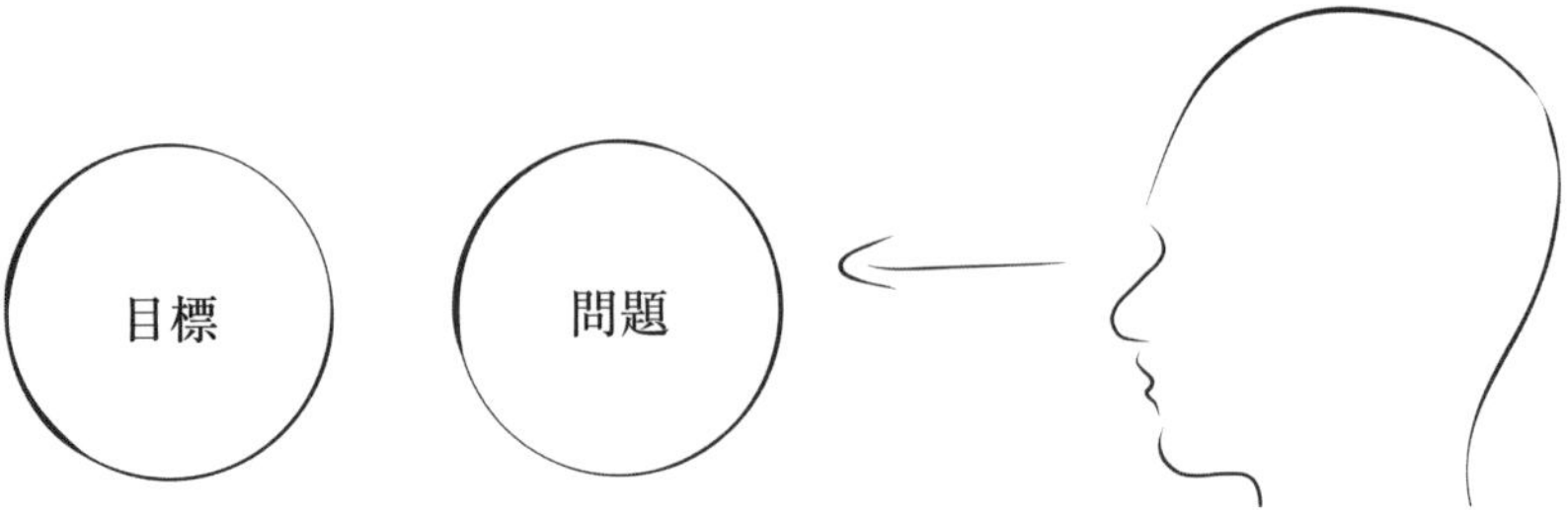
目標
問題

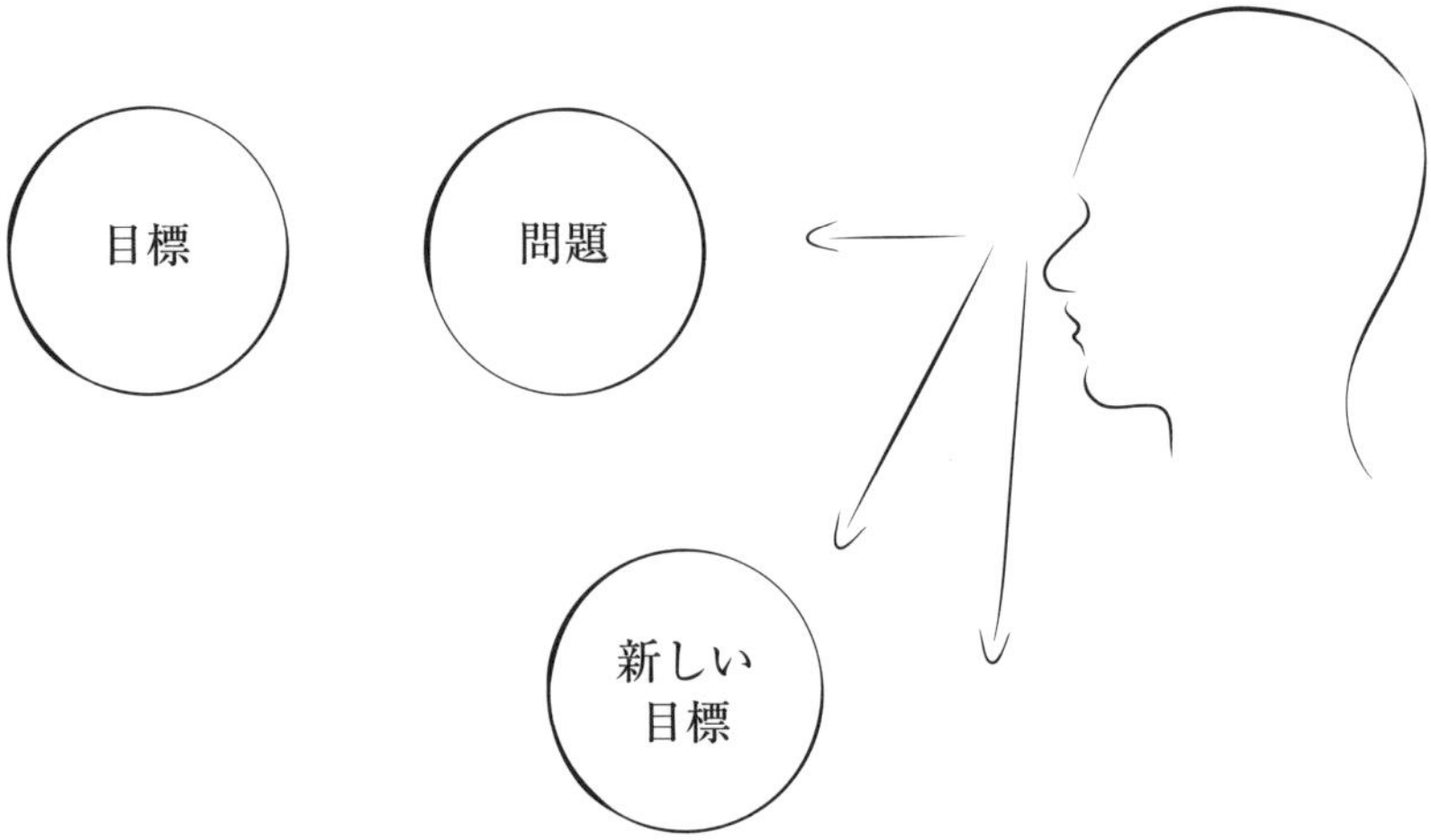
目標
問題
新しい
目標

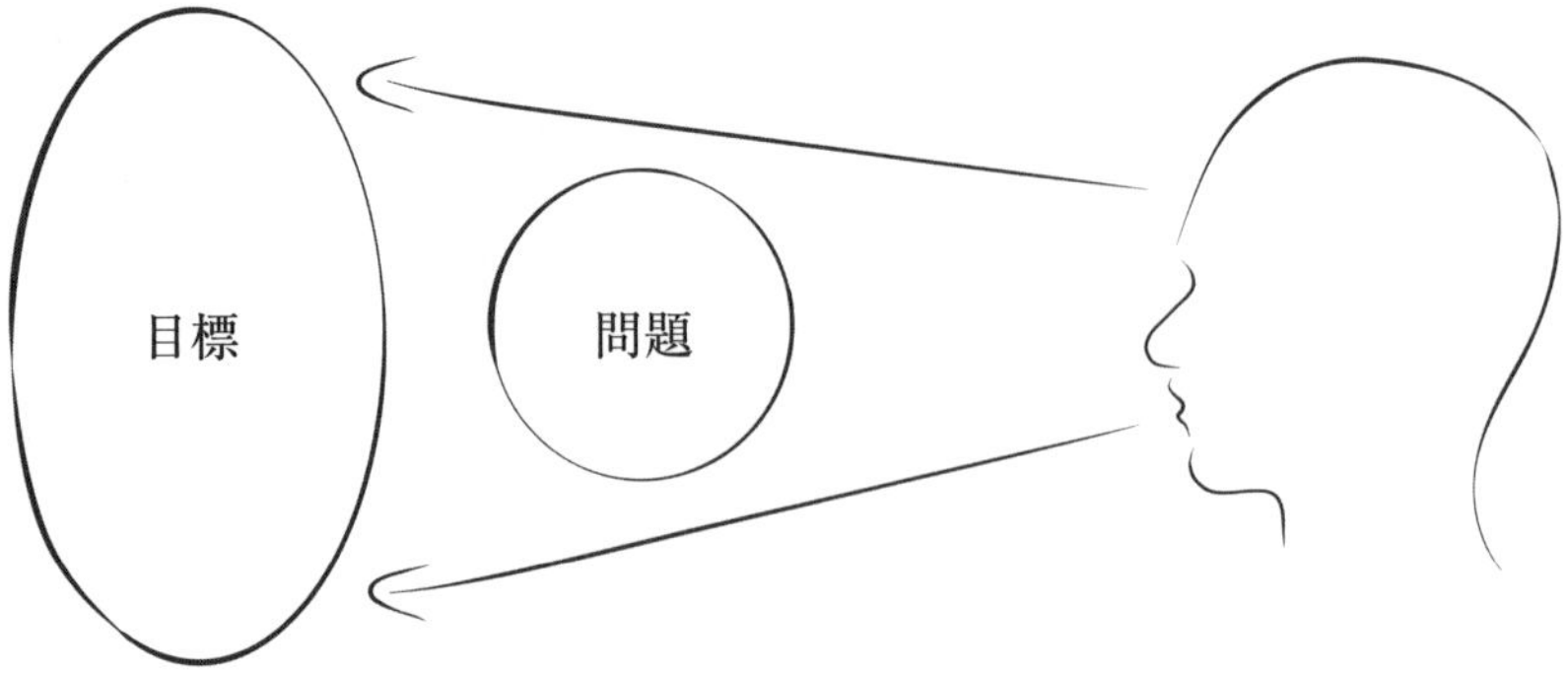
目標
問題

資産のない人は富を絶対に必要なものと考えない

もし森を散歩していて、崖《がけ》が目の前に現れたとします。5メートル下に、1000円が入った財布が落ちていました。あなたは気をつけながら崖を下りたのですが、途中で滑ってしまいました。運よく木の根っこにつかまって助かりました。おそらくあなたは、リスクが大きすぎると判断して、元の道に戻って先に進むでしょう。

もし状況が違ったら、どうでしょう？　崖の下に財布ではなく、小さな女の子が倒れていたとします。ケガをして泣いています。ここで、「崖を下りようか、どうしようか」と考える人はいないでしょう。ケガした女の子を放っておくことなど論外です。「子供を助けるには、どうすればいいだろう」と考えるに違いありません。女の子を助けることは、絶対必要事項となります。

成功した人は、**自分にとって「これが絶対必要！」という状態をつくることが上手な人**です。そして、絶対必要事項を達成することを公約します。極端に言うと、周りの人に「これから山に登ります。頂上で手を振るか、谷に落ちて死ぬか、の選択肢しかありません」と公言するのです。

財産を築いた人は、鉄の規律を守る模範的な人とは限りません。規律にとらわれず、とにかく、やらねばならないことをやり遂げる人です。貧乏人や平均的な人間になる選択はしません。

自分の目標を、「どうしてもやらねばならないこと」にしましょう。夢のアルバムを常に眺《なが》めてください。目を閉じて将来の自分の姿を思い浮かべてください。これを3カ月続けましょう。潜在意識が「これに到達できなければ不幸になる」「これ以外の状態には我慢できない」と認識し、目的に到達するために目覚めます。

裕福になると公言しましょう。周りから期待される人になりましょう。「自己実現しなければ、周りの人から一生笑い者にされる」と覚悟を決め、自分の決意を皆に知らせてください。戻る道はありません。不安になって、本当に裕福になる必要があるのか、と自問したくなるときもあるでしょう。次の章で、この疑念を追い払う方法をご紹介しています。

資産のない人はあきらめている

あるとき、ウィンストン・チャーチルは、生誕地近くの大学から講演の依頼をされました。偉大なイギリス人の講演を聞こうと、遠くからも観客がやってきました。何千人もの人が大学の講義ホールに集まったのです。チャーチルは、立ち上がってマイクに向かい、「絶対、絶対、絶対、絶対にあきらめてはならない」と言いました。

そして、また座ったのです。話はこれで終わり。それ以後、立ち上がることはありませんでした。もっと話を聞きたいと思った観客ですが、段々これ以上に役立つ言葉は聞けないと感じ始めました。こんなに大切なことはないと気づいたのです。「絶対あきらめない」というのは、チャーチルの人生のモットーでした。

なぜ、「絶対」を4度も繰り返したのでしょうか。それは、彼が人間の性格を知り尽くしていたからです。

人は自分でこれ以上はできないと自分の限度を決めてしまいがちです。

しかし、もし目標を決めたら、何にも妨げさせてはなりません。「何にも！」です。そうでなければ、あきらめることになってしまいます。あきらめるくらいなら、初めから何もせず、エネルギーのムダづかいをしないほうがいいでしょう。

ドイツの飛行機がロンドンを爆撃したとき、側近はチャーチルにあきらめましょうと提案しました。「爆撃でたくさんの死者が出ています。降伏しましょう。ドイツ軍はもう勝つに決まってますから。これ以上頑張っても、ムダに人命を費やすだけです。意固地で他の人を残酷《ざんこく》な目に遭わせることはやめましょう。常識的に考えてください」

でも、チャーチルはドイツの飛行機に向かって拳を振り上げて言いました。

「ドイツが私に勝つことはない！　絶対、絶対、絶対、絶対にあきらめない！」

このような状況になると、多くの人はあきらめてしまうでしょう。周りの助言者はすべて自分に反対していきます。いつも支えになってくれている人たちが自分から離れていき、罪悪感を与え、間違っている、と主張してきます。

どんな場合でも、あきらめてはいけません。一度立てた目標は、達成するまで突き進んでください。あきらめないためには、ポイントがあります。それは、達成したときに、自分が幸せになる目標を立てることです。「達成しても満足感が得られないかもしれない」と少しでも頭をよぎると、人はあきらめやすくなります。

もしかしたら、目標に到達しても、落胆することがあるかもしれません。

大きな庭付きの家に住みたいと思う人は多いことでしょう。でも、そういう家に住んでみると、仕事が多すぎると気づくかもしれません。芝生は刈らなくてはいけないし、掃除は大変だし、リノベに修理に……。「おしゃれなマンションの部屋を購入して住んだほうがよかったかもしれない」と思うかもしれません。

自分の立てた目標を達成したとき、自分が満足感を得て、幸せでなければなりません。そうしないと、せっかくたどり着いても「本当に望んでいたのは違うものだった」と後悔することにもなります。

100%望んでいたものを手にすれば、それは自分に力を与え、モチベーションを向上させます。

あきらめを防止し、後悔しないために、試してみてほしいことがあります。とても簡単です。

自分の大目標を書き出してください（家、車、仕事、職、会社、ビジネスパートナー、旅行など）。できるだけ詳しく書きましょう。


目を閉じて、自分の書いた理想の家、車、仕事、会社などに関する目標が実現したと想像してみてください。

10分間想像して満足感があるなら、その目標に達したときに幸せになれる可能性大です。決してあきらめないで進んでください。

資産のない人は責任を持てない

「なぜ？」と考えることにエネルギーを費やす人は、言い訳を探している人です。「過去に、何をするべきだったのか」と振り返って、言い訳を探しています。その逆に、**「どう？」**と考える人は現在か将来の道を探し、解決に集中する人です。

何かがうまくいかなかったら、その原因は自分にあります。医者にも弁護士にも税理士にも、責任転嫁することはできません。何か問題があって、これらのエキスパートに助けを求めることには意義がありますが、自分でコントロールできない機関に責任を渡してしまってはなりません。

自分の健康、法的な争いの勝敗、税金問題の解決など、自分の満足できる結果を得るためには、自分に責任を課すことが必要です。エキスパートは、手助けしかできません。ボスはあなたなのです。

何か失敗して、誰にも責任転嫁できない状況に陥ると、人は自分に責任があることに気づきます。裕福になりたいのなら、失敗にだけではなく、自分の成功に責任を持つことも大切です。

次の簡単な2点の質問に答えてください。

【質問1】 12カ月間全力をあげて働くと、どれだけ稼げますか？

＿＿＿＿＿＿＿円

【質問2】 どのように、その金額を計算しましたか？

今までに、自分が一番たくさん稼いだ月の収入を12倍してみてください。その数字を1・1倍してみましょう。この計算で導き出された金額を稼ぐことは実現可能だと思いますか？

もし可能だと思えるのなら、**自分の成功に責任を持つときがきた証拠です**。

稼ぎ出せると確信できたのは、周りの状況やタイミング、幸運や他人や占い師のおかげではありません。自分自身が責任を持つ覚悟ができたからこそ、成功を確信できたのです。責任を持つ覚悟ができたあなたは、何度でも成功をつかめます。

より高いレベルの成功のために必要な状況を、自分でつくることができるからです。一度できたことは、またできるのです。

「もうできない……」という考えは、自尊心を高めるチャンスを自分でつぶしてしまいます。

自分のこれまでの成功体験を思い出してみてください。そして、できるだけ早く、成功を再現することが重要です。他人や周りの状況のおかげではなく、自分の力でやり遂げたという自信をくり返し味わってください。自分はやり手のビジネスパーソンだと認識しましょう。自分の成功に責任を持ちましょう。

資産のない人は110％頑張る気がない

言い訳を探せば、言い訳は見つかります。あなたの成功を妨げる危険な言い訳を2つ挙げます。この言い訳は、自分を偽《いつわ》る、逃げに過ぎません。

・今持っているもので十分だ
・もし、とても頑張れば、ベストな自分になれる

この2つは往々にして自己欺瞞《ぎまん》、不安、自尊心の欠如の証です。

人生に幸せを感じ、満足感も得るには、あらゆることをやるべきです。

何があなたを幸せにするでしょうか？　その答えは、自分の性《さが》に合った生活を送ることです。成長と成功の大きな力になるのは、人間の性です。成長と成功に、満足のカギが隠されています。

自分の中に、自信を持てる何かがありますか？　他の人にはない特技は？　満足できる結果をもたらしたことは？

逆説的ですが、人は満足できないから、成果が出せます。

今持っているものに感謝するのは、とても大切です。しかし、今持っているもので、未来永劫満足するというのは、成長したいという人間が持つ欲求に反します。成長を止めてしまった人間は死に始

めます。ベストを尽くすことが、自分を一番満足させるのです。

才能がある人でも「本当に力を出せば、できるに決まってる」と、色々なことを先延ばしにしがちです。

「本当に力を出せば、できるに決まってる」というのは、言い訳に過ぎません。「やってみて、最大の努力をしたにもかかわらず、やり遂げられなかったら」と考えて、怖がっているだけです。

言い訳せずに、やってみましょう。たとえ失敗しても、「本気を出せばやれる」という先延ばしの言い訳ができなくなり、成功のために前進するしかなくなります。やってみることではじめて、成功への道が切り開かれるのです。

自分の人生に責任を持つには、110%の努力が必要です。言い訳のない生活を送りたいと思いませんか？　**「成功以外はあり得ない」という状態をつくれば、必ず成功できます。**

110%頑張る＝成長、です。筋肉をつけたいと思い、10回バーベル上げをするとします。この10回のうち、何回目が一番重要でしょうか？　一番筋肉がつくのは何回目でしょう？

「11回目」。重量挙げでメダルを一番多く勝ち取ったブルガリアの選手はこう言いました。100%を目指す人は、大抵の場合80%にしか到達できません。110%を目指せば100%に到達する可能性が高まります。

資産のない人にはコーチがいない

資産を増やすために、コーチを雇いましょう。自分よりずっと成功していて、面倒を見てくれつつ、応援してくれる人がコーチです。これまで私が出会った裕福な人はコーチか、少なくとも誰かを手本にして研究していました。

裕福な人たちは皆、強い自尊心の持ち主です。こういう人たちでも、自分の成功は誰のおかげかと聞かれると、コーチと答えます。成功の80％はコーチのおかげと認めるでしょう。ロス・ペレットやリチャード・ブランソン（従業員5万人、売上高2兆円を超すヴァージン・グループ創始者）のような人でもそうです。

なぜ、優秀なスポーツ選手は、皆コーチを雇っているのでしょうか？　世界トップクラスの実力の人でもコーチを雇っているのは、なぜでしょう？

それは、**コーチが「短期間で才能を最大に引き出すにはどうすればいいか」を知っているから**です。自分で失敗をおかさなくても、コーチの指導経験を生かすことで成果が出せるのです。

たとえば、4年間で森林官の理論研修を終えた人が、カナダに行って働こうと思ったとします。ただし、カナダの森の特性や、そこに住んでいる動物、生えている植物についてはあまり知りません。

初めの仕事として、山の中の5000ヘクターの管轄地を請け負ったとします。手始めに何をしたらよいのかも、わからない状態です。

ここで、昔ここで働いていて、動物も植物も地理も知り尽くしている67歳のベテランがいると耳にしたとします。この人は、どこに流砂や崖崩れが起きるか、害虫は何で、どこに蛇が住んでいるかも知っています。ベテランの経験を半年で手に入れられるのだったら、この人に「半年間コーチになってください」と頼みたいと思いませんか?

良いコーチは長年にわたり、110%の努力をするように、あなたをプッシュしてくれます。良いコーチは、アメとムチのバランスを知り尽くしているので、自分の生徒に強いやる気を起こさせることが可能です。ムチはやる気を起こさせるだけではなく、使いすぎると逆効果であるということも承知しています。

さらに、コーチは、あなたの成長具合を、相対的に俯瞰的に判断してくれます。道から外れてしまえば、自分自身だけではなくコーチも失望させることになるので、自分に対する「やらねば」という圧力も強められます。ですから、成功を目指す人はコーチを持つべきです。

最短で成功へ導いてくれるのはコーチです。

「良いコーチとは?」「どこで見つければいいの?」「コーチになってもらうには、どうすればいい?」「コーチ制度の仕組みとは?」、色々な質問が思い浮かぶと思います。この点に関しては、第13章にまとめたので、ご参照ください。

〈パワーヒント〉コーチを持つメリット

コーチを持ちましょう。経済コーチは、自分より10倍以上の資産を持つ人から探してください。コーチをつけると成果が出ます。

- コーチはあなたが失敗を避けられるように見守ってくれる
- コーチはあなたの才能を見抜き、達成までの時間を短縮させてくれる
- コーチは「ムチ」を使わなくてはならない場合に、迷わず使ってやる気にさせてくれる
- コーチはあなたの成長を見守り、成果をコントロールしてくれる
- コーチは自分では考えもしなかったような高い目標を達成させてくれる

強み	弱点

資産のない人は自分の弱みばかり考えがち

あなたの長所短所は、どんなものでしょうか？　裕福になるために役立つ自分の強みと、富を得るために障害となる弱みを書き出してください。

あなたは、どちらの側から書き始めましたか？　自分の弱点を先に考えた人は裕福になれません。もちろん弱点を無視するわけにはいきません。ここで、問題にしているのは強みと弱みを考える順番です。これが、裕福になれるか否かに関係しています。

成功するためには「弱みをなくさなくてはならない」と聞いたことがあるかもしれません。**しかし、これは現代では通用しません。**今の主流は、弱みを克服すれば富につながる、ではありません。弱点を克服することにエネルギーを使ってしまい、平均的な結果しか出せなくなるからです。

強みが富を築く

あなたを裕福にしてくれるのは「強み」です。テニスを例にとります。シュテフィ・グラフ（ドイツテニス界の黄金期を築いたスター選手）の強みはフォアハンドです。試合ではできる限りフォアハンドを使いました。バックハンドを使う代わりに、フォアハンドでボールを逃がさないように心がけたのです。

しかし、対戦相手はバックハンドを使わせるように試合をします。そのため、バックハンドを強めるトレーニングをするようになった結果、シュテフィはゲームに対する興味を失ってしまいました。勝つことよりも、負けないことに集中したからです。

負けないように戦うのと、勝つために戦うのでは結果は大違いです。

自分の弱点をなくすように試みて、人生の楽しみと勝利のチャンスを逃してしまった人が、いかにたくさんいることか。

弱点の克服はほとんどの場合、戦いへの楽しみを失わせます。自分の弱点を無視することはできません。でも、これをなくそうとしても成功はつかめません。その代わりに**弱点の解決策を探しましょう。**

経理が苦手なのなら、今後も自分の取り柄になるとは思えません。この事実を認めて解決策を探しましょう。たとえば、経理を雇えばいいのです。

才能を伸ばすには、長所を最大限に伸ばしてくれるコーチが必要です。その先に勝利が待っています。弱点の解決策を探し、強みを伸ばすコーチをつけましょう。

資産を築く代償として差し出すものとは?

健康を損ねることも、家族を犠牲にすることも、裕福になるための代償である、とよく言われます。しかし、逆説的ですが、健康で幸福な家庭生活を送るためにはお金が必要です。つまり、お金も健康も、家庭も大切にするべきです。お金がなければ健康を損ねます。また、常にお金がなければ、家族関係に影が射します。

豊かになるための代償として、健康や家庭を差し出す必要はありません。**富の代償のためには、あなたの時間を差し出せばいい**のです。健康や家族を犠牲にする必要はありませんが、時間を使うことは必要です。

本書を精読するのに何日か、自分の経済状態を把握するのに何日か必要でしょう。その後も、裕福になるために月何時間か使う必要があります。しかし、自分の時間を使うことで、後々、大きく時間を節約することになります。

お金はあったほうがいいに決まっている！

これから5年以内に、1年間、自分のためだけに使える時間をもらえると想像してみてください。1年間、何をしてもよく、しかも、かかる費用すべてを払ってもらえるとします。普段は時間がなくてできなかった旅行など、なんでもできます。

1年間、自分と距離を置いて、自分を見直すセム族の習慣を、サバティカルと言います。これは、人生の方向をゆっくり考え直して、計画するのに使えます。

何年か働いた後、私にとってお金は人生の支えとなりました。自分で稼いだお金の利子で暮らせるようになったので、1年間の休みを取ることにしました。数週間はほぼ何もせず、その後はたくさん旅行に行き、いくつかセミナーに参加しました。瞑想も学びました。自分の仕事とは関係のない自己啓発書も読みました。自分の内なる声にも耳を傾けることができました。

あるとき、自分の将来を計画しようと思いました。そのときに気づいたのです。自分は答えではなく、質問を見つけていたのだと。

たくさんの質問が浮かびましたが、2つに集成されました。私が知りたかったのは、「なぜ、私はここにいるのだろう？」「私の人生の意義とはなんだろう？」ということでした。答えをはっきりさせるために、私は書くことにしました。カリブ海に行き、ヤシの木の下に座って、この2つの質問に一文で答えようと試みたのです。

私にとってこの時間がいかに大切なものだったか、あなたにも想像できると思います。11日間を費やし、何枚にもわたって答えを書き続けた後で結論が出ました。自分の役割が見えたのです。人生の目的を知ることから生まれる力、エネルギーと情熱に圧倒されました。私は自分の情熱を発見したのです。

あなたは、やりたいことを先延ばしにしていませんか？　それを実行するには、時間と、平静さが必要です。経済的自由をつかみ、サバティカルを取れたら、あなたは何をしますか？

もちろん、自分の人生の意義を見つけるのに、絶対に経済的に自由である必要はありません。でも、自由なら見つけやすい、ということには賛成していただけると思います。毎日の心配事に追われて、人生にとっての重要な質問に答えを出す時間がない人がたくさんいるはずです。

十分な資産がなければ、人生にネガティブな影響が強く出ます。お金がないと自尊心が傷つきますし、健康にもある程度の経済的な保障が必要です。この本で、賢く資産を増やしてください。

お金があるのは良いことだと強調させてください。資産があって健康なほうが、貧乏で不健康より、よいではありませんか。お金を持つことと成長することは、人間の性に合っています。お金を得る力を成長させることもまた然りです。

ここまで読んで、いくつか疑問が浮かんできたと思います。今まで自分が、お金について信じてきたことに反することが書かれていたかもしれません。次の章から、あなたがお金について何を思っているか、をはっきりさせていきましょう。

ボード・シェーファーからのマネーアドバイス

- 大きな目標は小さな目標より達成しやすい。なぜなら、問題が目標を覆い隠さないから
- 成功した人は、自分を「やらねば状態」にする。こういう人は、目的に到達して幸運になれる
- 自分で区切りをつければ、そこにたどり着ける
- 自分の失敗だけではなく、成功にも責任を持つ
- 110％努力をする人は、成功しない言い訳から逃れられる
- 才能を伸ばすためには良いコーチが必要
- 弱点を最初に考える人は裕福になれない
- 負けないように戦うのと、勝つために戦うのでは、結果は大違い
- 自分の弱点を懸命に消そうとして、人生に興味がなくなってしまう人が多い
- 裕福になるために払う代償は時間

第5章

お金へのイメージが富の量を決める

「今の状況は、その人の信念が映し出された鏡像にすぎない」

アンソニー・ロビンス（世界ナンバー1カリスマコーチ）『The Power Principle』より

もっとお金が欲しいですか？　と質問をしたら、「もちろん！　欲しいに決まっているでしょう！」と答えるでしょう。

もちろん、もっとお金が欲しいと思っているでしょう。しかし、あなたの**潜在意識**もそう思っているでしょうか？

通信販売で商品を購入する場合、自分が心から欲しいものを注文するはずです。ということは、今持っているものは、自分が正しくて良いと思っているもの、ということになります。

お金に対して今までと同じように考えていたら、いつまでも同じことを繰り返して、裕福にはなれないでしょう。もっとお金が欲しいと思っても、あなたのもとにお金は届きません。

配達の人が、自分が注文したものよりもっと良いものを持ってきてくれないか、と待っていても、そんなものは届きません。

次の質問に答えてください。

- 自分で思っていた以上のお金を使ってしまったことがありますか？　それは、なぜ？
- やせようと思って成功しなかったことがありますか？　それは、なぜ？
- 倹約しようと思ったけど、やらなかったことがありますか？　それは、なぜ？
- 新しい服を買うのは控えようと決めたのに、できなかったことがありますか？　それは、なぜ？
- 口座で預金残高を不足させてしまったことがありますか？　それは、なぜ？
- 貯金を始めて、途中でやめたことがありますか？　それは、なぜ？

・何か決意したのに実行しなかったことがありますか？　それは、なぜ？

何かをやろうと決めて、実行したこともあるでしょう？　それは、なぜ？　できなかったときと比べて、何が違ったのでしょう？

希望と信念には、大きな違いがあります。

もっとお金が欲しいと思う一方で、お金を持つと性格が悪くなる、と信じている可能性があります。お金について、自分が内心でどう思っているのか見極めましょう。潜在意識がどう働いているのか観察してください。

そして、お金に対するあなたの態度（私は「信念」と呼びます）が、どのように形成されたのかを調べましょう。

そうすれば、どの信念が自分の目的にかなっているのか判断できます。裕福になりたいのなら、お金に対する信念を変える方法を学びましょう。

思い切って財布に10万円入れてみる

朝、家を出るとき、財布の中に現金をどれくらい入れていますか？　平均的な金額を書いてください。

＿＿＿＿＿＿＿＿円

なぜ、この金額なのでしょうか？　たとえば、なぜ、10万円ではなく、3万円なのでしょう？

私は主催するセミナーの参加者に、「なぜ、10万円財布に入れていないのか？」とよく聞きます。

答えは次の通りです。

・失くすのが怖いから
・いっぱいお金を入れていると使ってしまうから
・盗まれそうだから
・持っていると落ち着かないから
・そんなにお金を持っていないから

このように考える人は、自分の潜在意識にどのような指令を出しているのでしょうか？　不安や違和感を生み出すように指令しています。自分を信じていないのです。たかが10万円です。もっと大金を財布に入れることになった場合、どうなるのでしょう？　裕福になる秘訣は、**お金を持つことで、気分がよくなるのに慣れること**です。

私は、「いつも10万円持ち歩くこと」をおすすめしています。財布の、いつも使うお金を入れる所と、別の所に入れておきましょう。

この10万円は予備のお金ですから、使ってはいけません。鉄アレイで筋肉を鍛えるように、潜在意識を裕福さに慣れさせてください。

いつも10万円持ち歩いている人は、20万円持ち歩いてください。この習慣を始めたら、資産を増やす準備を始めたことになります。

〈パワーヒント〉大きなお金を持ち歩く効果

いつも10万円持ち歩きましょう。そうすると、良い効果があります。

- お金持ちの気分に浸れる。お金で気分がよくなることに慣れる
- お金を持つのに慣れる
- お金に対する自尊心を強める
- お金を失くす、盗まれることに対する不安がなくなる
- 緊急の場合に備えられる。お買い得品を見つけたら買うことが可能
- 規律トレーニングになる
- お金を持つ喜びが潜在意識に伝わり、もっとお金を持てるようになる

行動や体内のプロセスの多くは、自覚することなく自動的に起きています。何も考えずに呼吸できることからもわかるでしょう。

同様に、根付いた信念は私たちの潜在意識に作用しています。お金に対する信念も同じように、自分の態度に作用するのです。

お金、富、裕福さについて考える

お金についてどう考えているか見てみましょう。

当てはまるものにチェックを入れてください。当てはまらない文章は、当てはまるように書き直してみてください。

□ お金は臭う
□ もし自分が金持ちなら、モテるのはお金のおかげ
□ お金は指の間から逃げていく
□ 自分にはお金のことはわからないから、不相応なことは避ける
□ 小銭を尊重しない人には大金の価値もわからない
□ お金は性格を悪くする
□ お金は善事を生む

□ お金がすべてではない
□ 自分がお金を得れば、誰かがお金を失っている
□ 大金を得るには身勝手でハードな人生が必要
□ 金持ちが天国に行くのは、ラクダが針の穴を抜けるより難しい
□ お金は人を傲慢《ごうまん》にする
□ 節約する人だけが金持ちになる
□ 貧乏人は神様に好かれる
□ お金は成功の秤《はかり》
□ 裕福になったら小さなことでは喜びを感じられなくなる
□ お金があれば便利
□ お金は善いもの
□ お金はエネルギーそのもの
□ 富は人を孤立させる
□ 私はお金が大好き
□ 富豪には本当の友人はできない
□ 富は気分を滅入らせる
□ 富豪は夜眠れない
□ お金は天国には持っていけない

□ 大量のお金は悩みと問題を増やすだけ
□ 裕福になるには健康を犠牲にする必要がある
□ 今持っているお金で十分
□ やる気になって行動すれば裕福になれるはずだけど……
□ お金は家族生活を犠牲にする
□ お金は善いことに役立つ
□ 今の自分があるのは正しい金儲けの追求の結果
□ お金は自分を幸せにしてくれる
□ お金ですべてを買えないという人は、どこで買えばよいか知らない人
□ お金がすべてではないが、お金がなければ何も始まらない
□ お金を持てなければ全くの失敗者
□ すべては決められた通りにしかならない
□ 貧乏は哀れで生きる意味がない
□ 倹約は才能がない人のすること
□ 自分の今持っているものに感謝すること
□ 裕福になったら怠惰になる
□ 今持っているより多い資産は、自分には持つ価値がない
□ たくさんお金を稼ぐためには自分を変えるしかなく、今のパートナーから嫌われる

□ 賢くていい人は裕福になれなくてはいけない
□ 裕福になれるかどうかは誰にもわからない
□ 慎み深い人はいい人
□ お金の持ちすぎはモラルに反する
□ 節約するには規律が足りない
□ 自分には運がない
□ 裕福になったら退廃する
□ もし自分の子供が裕福な家庭に育ったら、性格が弱くなって悪の道に進む
□ 富は不平等、この世には空腹な人がたくさんいる
□ お金より重要なことはたくさんある
□ 収入が多くなれば払う税金が増えるだけ
□ 自分はお金を引き寄せる磁石のようだ

信念はあなたの経済状態を映す鏡像

あなたのお金に対する信念がどこから生まれてきたのか見る前に、もう一度自分がチェックを入れた文章を見てください。

これらの信念は、あなたの人生にどのような影響を与えているでしょう。自分の今の経済状態は、この信念を映し出す鏡像に過ぎません。

たとえば、持っていて心地よいと感じる金額が、現在の所持金額に相当していませんか？

未来は過去に引っ張られることなく変えられる

以前、私は体重が96キロあり、ジョギングが大嫌いでした。森の中を走るなど馬鹿げていると確信していました。ジョギングは、自分とは頭の構造が違う人のすることだと確信していたのです。暖かいベッドの中でぬくぬくする代わりに、雨の中でも走る人は、異常だと信じていました。

学生時代、体育の授業のときは、更衣室から運動場まで走るルールがありました。ある日、体育の先生が私の後ろを走ってきました。

「シェーファー、地面に穴をあけるんじゃなくて走ってみたらどうだ！　象のほうが足が軽いぞ！ドタドタの足音で、5キロ内の動物が皆逃げちゃうぞ！」

熱血教師は、こう叫びました。クラス中の生徒が面白がっている中、10分ほど叫び続けました。当時の私は、皆と一緒に笑い飛ばすだけの自尊心を持っていませんでした。

こうして、私はジョギングが大嫌いになりました。ジョギングは馬鹿らしい……。何年もこの信念は変わりませんでした。もちろん、そんな私の体調がいいはずはありません。

この状態は、数年前、ハワイでスチュ・ミデルマンに会うまで続きました。当時の彼は40代初めで、ありとあらゆる超長距離レースで賞を獲得し、世界記録を更新していました。11日間で1000マイル走るレース、600マイル走るロッキーマウンテンレース、フランスの6日間レース、100マイルアメリカ選手権……。

私が「ジョギングは嫌い」と言うと、顔つきが宣教師のようになり、とんでもない提案をしてきました。

「さあ、靴を履《は》いて。一緒にジョギングしてみよう。動きを見る限り、君は走れるよ」

さらに、彼が教える走り方をすればエネルギーがわいて、何日間も走れると言います。私は好奇心を抱き、「今、真っ昼間だから96キロの体重では、日陰でも10分間もたないと思うんだけど」とちょっとだけ抗議しながら、スチュに従うことにしました。

最初の数分間でスチュは私の走りを細かく分析し、どこが良いか挙げてくれました。それに加えて、呼吸法、腕の位置、足の出し方などの助言をしてくれました。

驚いたことに私はまるで疲れず、2時間半ほど走れたのです。しかも、楽しく走れた自分に誇りを持ちました。それから毎日走るようになりました。4年前から78キロに体重をキープしており、とても健康です。今では、走らない自分を想像できないほどです。これほど生き生きできて、エネルギーがわく、健康なことはないと思っています。

今まで自分が何を考えていたとしても、その意見はすぐに変えることが可能なのです。

もしお金があり余っているとしたら？

とてもとてもたくさんのお金が余っているとします。資産があり余っている、お金があり余っている、物があり余っている、財産があり余っているという状態です。

では、**お金をたくさん持っていることのメリットと、デメリットを考えてみてください。**

先ほどご紹介したリストの中で、自分が何にチェックを入れたか、もう一度見直しながら考えてみましょう。

メリットとデメリットの割合はどうなっていますか？

メリット	デメリット

信念は数より、強さが重要

ポジティブであれネガティブであれ、信念をいくつ持っているかは、問題ではありません。**決め手は、どれほど強く信じているかです。**数より強さが重要です。大切なのは、経済的自由に対してポジティブなイメージを持つことです。

私の知り合いに、富は自分にとってメリットばかりだと思っている人がいます。家族と過ごせる時間が増え、贅沢《ぜいたく》な生活を送れます。自分にも家族にも、色々与えることができます。お手伝いさんを雇ったので、家事に力を注ぐ必要もありません。旅行に行って、面白い人に会うこともできます。

しかし、実は、富に対するこの人の態度はネガティブだと私は考えています。この人は、お金は性格を悪くする、という信念を持っていると思えるのです。

心がきれいであるために、いい性格を保つために、お金を使っているように見えます。潜在意識は「いい性格を保つこと」という指令を実行するので、彼は節約をせずに使いまくります。頭のいい人なのですが、この行動は賢くありません。

お金を持つと性格が悪くなるという信念を持っているから、自分のお金を減らすように行動してしまうのです。

本書の中で一番重要なこと

ここでご紹介するエクササイズは、本書で一番重要です。自分の信念を知ることも、変えることもできなければ、富を築くことは不可能です。潜在意識は、自分が心から良いと信じていることをベストとして、働いてくれます。

本書にはたくさんの助言が書かれていますが、読むだけでは経済状態を効果的に変えることはできません。ですから、このエクササイズは書いてください。

自分のための人生です。本書に時間とお金を費やしたからには、正しく使いこなして効率的に裕福になっていただきたいと思います。

あなたのお金への信念を3つ挙げてください。

1

2

3

第1ステップ　その信念はどこから来たか

信念は、高い確率で偶然から生まれています。自分の成長に重要な影響を与えた人を見習ったり、周りの人を観察して生まれたりします。お金について、特定の意見を聞いて育っても生まれますし、自分の親がどう家計をやりくりしているかを見ている過程で生まれることもあります。

18歳までに、あなたに大きな影響を与えた人を3〜10人挙げてください（母親、父親、友人、親戚、手本になる人、先生……など）

では、**現在あなたに一番大きい影響を与えている人は誰ですか？**（たいてい、一緒にいる時間が長い人から受ける影響が一番大きいものです。たとえば、家族、友人、同僚、スポーツ仲間……など）

この人たちは、お金とどうつき合っていますか？　お金に対する態度は？　この人たちからお金に対する助言を受けたことがありますか？

助言を受け入れていい人、いけない人

助言を受けても、うのみにしてはいけません。その理由はたくさんあります。多くの人は良かれと思って、あなたに助言をしてくれているでしょう。「いつか私たちよりお金持ちになってね」と両親が言ったとしたら、信じていいでしょう。

でも、言葉に出さずに内心考えているのは「あまりお金持ちになり過ぎず、私たちよりちょっと裕福になってほしい」ということかもしれません。なぜなら、**あなたの成功は、両親にとって自分たちの失敗の証明になる**からです。助言は、道を示してくれる一方で、限度も示します。「成功して欲しい、でも少しだけ」といった具合にです。

助言を与えてくれる人はたいてい、自分の状況を正当化しようとします。助言者は助言することによって、自分自身が成功しなかった原因、痛い点をつくことになります。だから、リスクを負わなかったために人生に失敗した人は、あなたにもリスクを負わないほうがいいと助言するでしょう。このようにして、助言を自分の状況を正当化する隠れ蓑《みの》として利用しているのです。

さらに、助言をしてくれる人は自分の利益も考えています。子供にそばにいて欲しいと思う親は、子供が外国に行くことをすすめないでしょう。

基本的に、**助言は自分が到達したいステージにいる人からのみ受けること**です。

第2ステップ　その信念は自分の目的に合っている？

多くの人がお金に対して持っている信念は、自分で自分の成功を妨げるもので、裕福になるために役立ちません。

「自分のお金に対する考え方に満足していますか？」

お金は善いものだと信じられない限り、お金が欲しいと思っても裕福にはなれません。自分が欲しいと思うものを手に入れるためには、それを助ける信念を探さなくてはなりません。

お金に対する自分の信念を30分で変える、簡単なテクニックがあります。それをご紹介する前に、まず自分の信念を変えてもよいのかどうか考えてみましょう。

今の信念に固執させる「安全」と「一貫性」のワナ

自分の信念は正しいのか、間違っているのか……。善悪、正否といった論議は、いつも白熱します。数世紀前、地球は平らだと思っている人が大勢でした。地球は丸いと主張する人は死刑にするべきだと。目に見えるものがすべて見える通りとは限りません。私達は間違えることが多く、正しいとか、間違っているという考えは非常にあいまいなものなのです。

しかし、人は自分が信じていることが間違っている、と考えることが苦手です。その理由のひとつは、安全を確保したいからです。現状の考えを疑うということは、心地よい領域から出なければなりません。

コンラート・アデナウアー（西ドイツの初代連邦首相を務めた政治家）が「そんな昔の馬鹿な話は気にするな」と言っても、そうするのは普通の人には困難です。

もっと困難なのは、「昔自分が信じていたことなんか気にするな！」でしょう。ここで問題になっているのは「一貫性」です。人は、自分の中で一貫性を保ちたがるのです。

マハトマ・ガンジーの次の言葉が自分の信念を考え直すきっかけとなるかもしれません。

「一貫性は絶対的な美徳ではありません。もし、私の今日の意図が昨日と変わって、方向を変えたら、一貫していないと思いますか？　自分の過去に対しては一貫性がないかもしれません。でも、**真実に対しては一貫しています。**正しいと認識したらそれに従うのが、一貫性があるということなのです」

「正しい」かどうかは、私たちが決めることではありません。人間には物事を白黒はっきりさせたいと考える傾向があります。「善い」「悪い」という区別は人間のつくったものです。自然界には存在しないのです。

主観に基づいた現実や信念は変えられる

ある農民が、きれいな馬を飼っていました。「こんな素敵な馬を自分も飼えたらな……」と村の誰もが羨《うらや》ましがっていました。村人はいつも馬のことを褒めますが、農民は「そうかな……」と答えていました。

ある日この馬が逃げてしまいました。村人が「災難だったね」と言うと、農民は「そうかな」と答えました。

数週間後に、馬は3頭の野生の馬を連れて帰ってきました。村人が驚いて、「いやー、幸運だったね」と言うと、農民は「そうかな」と答えました。

あるとき、農民の息子が野生の馬から落ちて脚にケガをしました。村人は愕然《がくぜん》として「災難だね、この馬がいなければ息子さんは元気だっただろうに」と言いました。農民はただ「そうかな」と答えました。

それから少したって、戦争が始まり、健康な若者はすべて軍隊に駆り出されました。ケガをしていた息子は家に残らなくてはならず不満でしたが、農民は彼をなだめました。

結局、戦争に行った若者たちは誰も戻ってきませんでした。村人は「信じられないほど運がいい」と噂しました。（訳注・「人間万事塞翁が馬」の由来となった中国の話）

私たちが見るものは、自分たちが見たいように存在しています。本書も、あなたが読んで、理解したいようにしか存在しません。誰かがこの本を読んだら、あなたとはまるで違った解釈をするかもしれません。

人が、つくりたいように自分の現実をつくり上げているのなら、自分の信念をつくり上げるのはもっと簡単です。誰かを好きになって別れたり、大好きだった服がしばらくたったら気に入らなくなったり……。このように、信念は変わるのです。

現実も、信念も、つくるのは自分自身です。何を信じようとも、それを決めるのは自分自身なのです。

第3ステップ　他人の経験を使って、偏った信念を強化していないか？

左のようなテーブルを想像してみましょう。

意見を信念に変化させるには、少なくとも3本、理想は4本以上の脚（意見を証拠づける経験）が必要です。

株に手を出したことはありますか？　結果はどうでしたか？

株の常識を何も守らずに、1、2回株取り引きをした人を知っています。株価が下落したので、損失を抑えるためにすぐに売却しました。そして、自分には株は向かないという意見を形成しました。意見が偏《かたよ》っているこの人は、株で損をした人が他にもいないか探し、懸命にテーブルの脚を集めました。自分の意見を固めるために、他人の経験を「借りる」ことはよくあります。**人は、自分の意見を裏付けしてくれる出来事を探してしまう**のです。

お金をうまく扱う自信はありますか？

多くの人は「いいえ」と答えて、その信念の証拠付けを始めます。自分の置かれた状況が、私たちの信念をつくるのです。

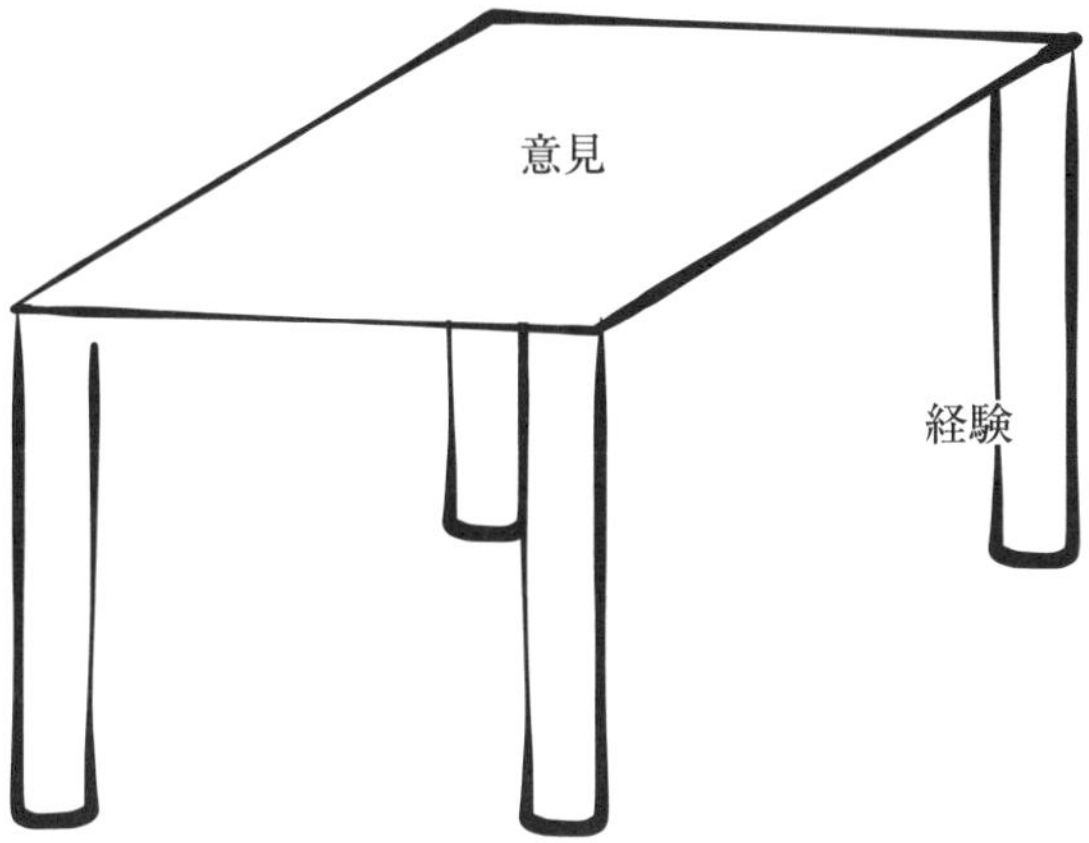

お金を持つと、性格が悪くなる。こう思っている人は多くいます。新聞はその証明となる記事でいっぱいです。

お金持ちになると性格が悪くなると思っている人が、お金は善いことにも使えるという証拠を見つけられるでしょうか。

いい悪いに関係なく、どのような信念にも、証拠付けは可能です。裕福になる信念だろうが、貧乏になる信念だろうが、それを支える証拠を見つけることは可能です。

第4ステップ　今までのお金の信念を考え直そう

意見には、正しい、正しくない、という違いはありません。「金持ちはねたまれる」ということについて考えてみましょう。

どの富豪にも、その人をねたんでいる人がいると思うことでしょう。しかし、反対に、どの富豪にもその人を尊敬している人がいるはずです。自分の考えが、正しいか正しくないかは重要ではありません。目的地へ到達する上で、助けになる考え方をしているかどうかが重要なのです。

もちろんそのためには、まず自分の目的を知らねばなりません。一度、自分の目的を詳細に書き出してください。「どうなりたいか」「何をしたいか」「何を持ちたいか」を考えてみてください。

まず最終目的地を決めることから始めて、これが短期、中期の目的地へのコンパスとして助けになるようにしましょう。健康、経済状況、人間関係、感情、人生の意義の5つの分野を視野に置いて目的を決めてください。

◉7年後には?

・こうなっていたい（自分で自分をどう見るか、他人から見た自分はどうありたいか）
・やりたい（毎日の過ごし方は?　何をやりたい、またはやりたくない?）
・手に入れたい（何を?　どんな財産、友人、健康、家族を?）

◉3年後には？

・こうなっていたい

・やりたい

・手に入れたい

もう一度あなたの信念を見直してください。どれが自分の目的地へ向かうために役立ちますか？

何が妨げになるでしょう？　**人は自分の信念に合った証拠を見つけようとしてしまう、と頭に入れておいてください。**

人は信念を基準に物事を見ます。世界はあなたが思うように見えるのです。そのため、間違ったことに集中してしまうこともあります。どの信念が経済的自由の妨げになるか考えてみましょう。

どの信念を変えるべきか書いてみてください。

1

2

3

4

5

テーブルの絵を思い出してください。信念は統一された意見（テーブルの板）とそれを支える4つの経験（テーブルの脚）から成り立ちます。

信念を変えるには、まずテーブルから脚を1本とりましょう。すべての証拠から離れて、意見を隔離させてください。そして、その意見があなたにとって意義をなすか考えてみてください。もしなさない場合、この意見に疑問を持ってください。

「お金は性格を悪くする」を例にとってみましょう。

お金持ちになる上で非効率なこの意見について考えていただくために、いくつかの質問を挙げます。また、昔「お金は性格を悪くする」と考えていましたが、信念を変えたセミナー参加者の答えも挙げます。

【質問1】なぜこの信念（「お金は性格を悪くする」）は、意味をなさないのでしょうか？

【参加者の答え】なぜなら、お金持ちで潔白で強い性格の人を知っているからです。一方で、貧乏な悪い人も知っています。性格はお金で決まるわけではないのです。聖書でも、富は悪とはされていません。旧約聖書ではヒーローは皆裕福です。

【質問2】この意見をあなたに持たせた人は裕福ですか？

【参加者の答え】いいえ。貧乏になって、こういう意見を持つようにはなりたくありません。悪い人ではないでしょうが、こうはなりたくありません。この人の仕事も家も車も友人にも興味はありません。

【質問3】もしこの信念を変えなければ、最終的にあなたの経済状態と感情はどうなりますか？

【参加者の答え】以前と同じように不必要な支出が増えるでしょう。それによって、お金に関する感覚が鈍ります。お金に不自由するので、性格は悪くなっていると思います。自尊心がなくなり、最低水準の生活を送ることになるでしょう。生活に張りがなくなり、自分を軽蔑《けいべつ》すると思います。

【質問4】家族とそれ以外の自分に近い人に対する影響は？

【参加者の答え】皆に良い生活を与えられなくなります。さらに、自分の貧乏に対する信念を周りにも押しつけるでしょう。自分の状況を正当化するために周りの人の成長を妨げてしまいます。

【質問5】もし、この信念を今変えたら、あなたの人生はどう改善されるでしょう？

【参加者の答え】自分の生活を楽しく満たしてくれる物事に集中できると思います。チャンスを探すようになるでしょう。自分に正直になれるので、自尊心が上がります。性格と経済状態の改善に励めます。裕福になればなるほど性格も良くなります。解放された気分も味わえます。

では、あなたも、変えてみたい信念を選び、次の質問に答えてください。

【質問1】　なぜ、この信念は意味をなさないのでしょうか?

【質問2】　この意見をあなたに持たせた人は裕福ですか?

【質問3】　もしこの信念を変えなければ、最終的にあなたの経済状態と感情はどうなりますか?

【質問4】　家族とそれ以外の自分に近い人に対する影響は?

【質問5】　もしこの信念を今変えたらあなたの人生はどう改善されるでしょう?

信念の入れ替え

これまでに、あなたは4つの重要なステップを踏みました。

【ステップ1】　お金に対するあなたの信念を見出しました。

人生で何か思うようにいかない場合、どのような信念が後ろに隠されているか見つけ出す必要があります。

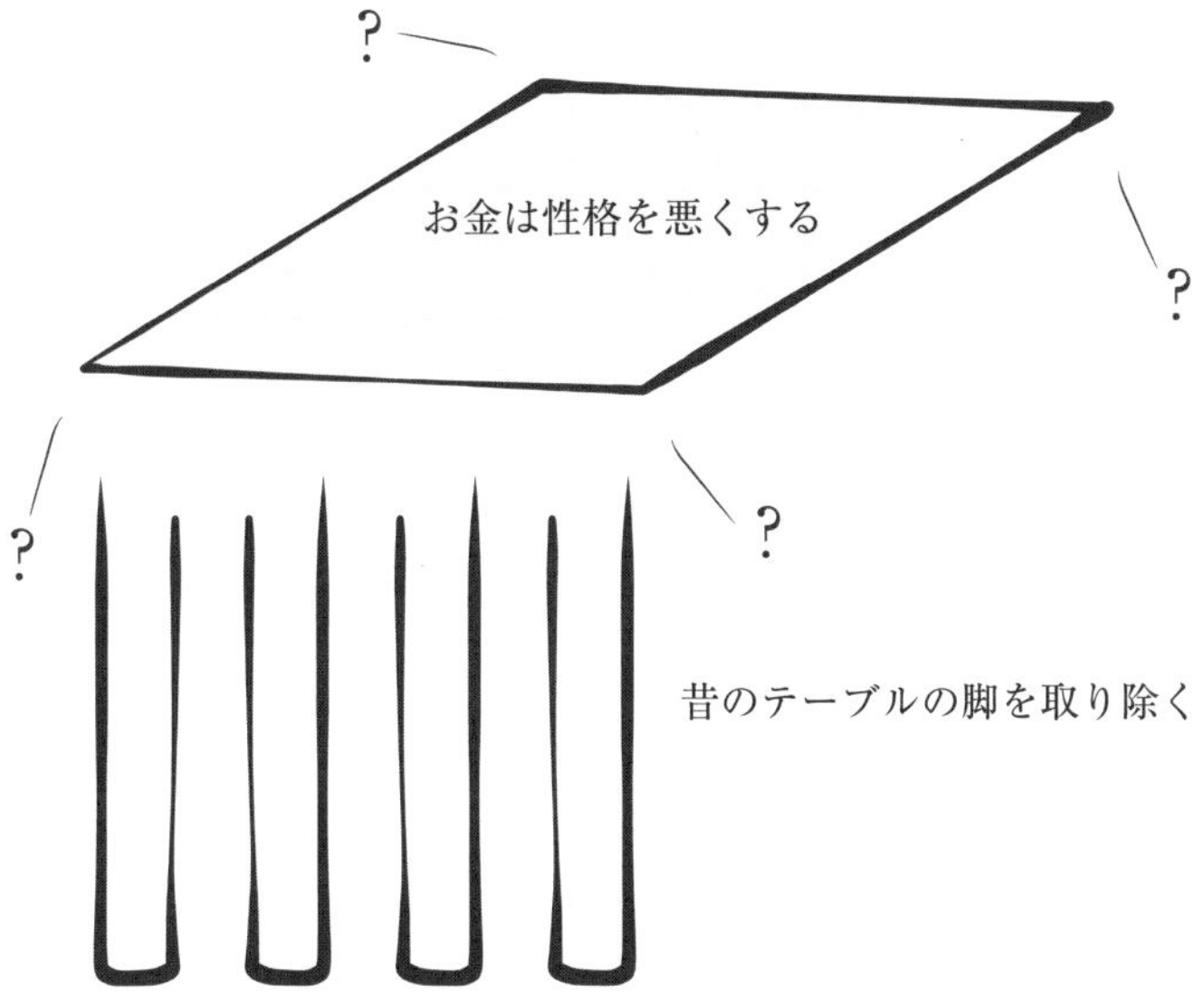

【ステップ2】この信念があなたの目標の助けになるかチェックしました。

そのために、目的を自覚しました。

【ステップ3】あなたの信念を経験と証拠から隔《かく》離《り》し、意見を客観的に観察しました。

【ステップ4】この意見を批判的に反問し、今まで信じていたことに疑問を持ちました。

それでは、昔の信念を新たな意見に入れ替えてみましょう。そして、この意見を信念にして、その証拠と必要な経験を集めましょう。

「そう簡単にはいかない」と思うかもしれませんが、とにかく試してみることをおすすめします。頭で考えるだけではなく書き留めてください。結果に感動していただけると思います。

今までの意見と新しい意見の交換

目的に合った、新しい意見をひとつ選んでください。あなたにエネルギーを与え、重要なことに集中させてくれる意見です。

その後、この意見を信念に変えてくれる証拠と経験を探しましょう。テーブルが安定するために3、4本の脚が必要なように、3、4つの支えとなる証拠や経験が必要です。証拠や経験は、他の人の人生から「借りて」も構いません。

ここで再度、「お金は性格を悪くする」という意見を例として取り上げます。新しい意見が、たとえば「自分自身の考えによってお金を使い、たくさん善いことができる」だったとします。この意見の証拠を探しましょう。私のセミナー参加者が書いた例を挙げます。

【1　Aさんの例】私はあるとき、カールハインツ・ベーム（オーストラリアの俳優）と知り合いました。自分の影響力とお金を、東アフリカの人のためのボランティア活動に使っています。お金を善いことに使っています。

【2　Bさんの例】私の昔の上司は裕福で、会社に障害者のための部をつくりました。お金で色々な可能性が生まれ、人助けができるので彼の性格に感心しています。

【3　Cさんの例】お金は人格を形成し、さらなる可能性を与えてくれます。お金で善いことも悪いこともできますが、自分は正しいことに使えると信じています。ベネズエラの子供を2人支援しています。

【4　Dさんの例】私はジョン・テンプルトン（今世紀もっとも偉大なイギリス人投資家）を尊敬しています。億万長者なのに慎ましく、18の公共団体を後援しています。後援事業に専念するために、会社のマネジメントも辞めました。

では、自分の信じていた意見をどう変化させるか、ここで書いてみましょう。

昔の信念：
新たな信念：
証拠と経験：

経済目標に到達するには3つの基本があります。

1　変化しなければならない
2　自分を変えなくてはならない
3　私は変えることができると確信する

自分の状況を変えられるのは、自分の責任を自覚して「やらなければならない」と思うときです。

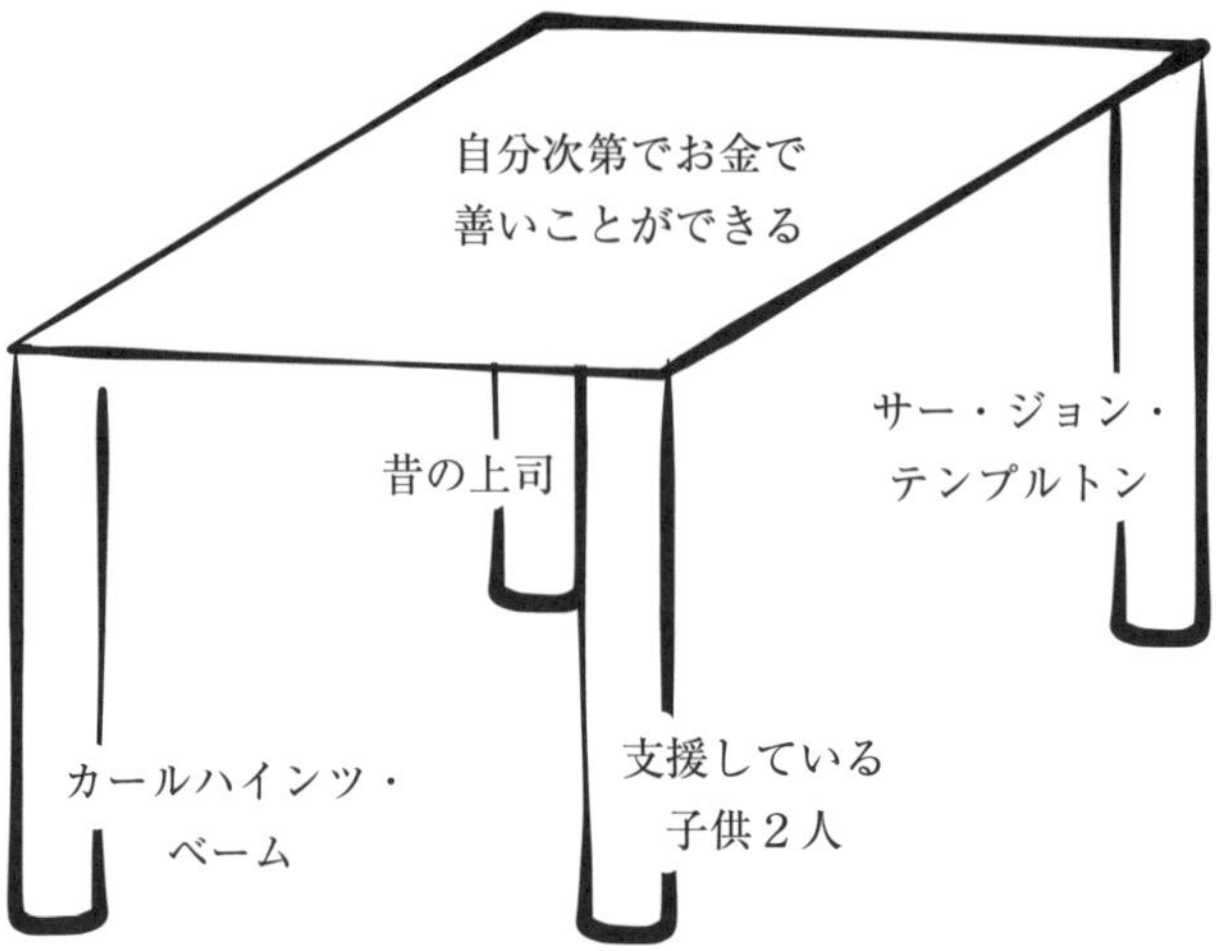

こういうときには、必要な変化をやり遂げられるという自尊心にあふれています。

ナポレオン・ヒルは成功に関する本に「考えて、裕福になりなさい」と書いています。義母が彼に次のようなことを話したのだそうです。

「私たちが家と呼んでいる今住んでる小屋は、私にも子供たちにも恥でしかないよ。皆健康なんだから、貧乏状態を受け入れる理由はないでしょう。貧乏は怠惰と投げやりな態度の結果なんだから。

今の状態をそのまま受け入れてしまったら、子供もこの育った状態を受け入れるでしょう。貧乏は大嫌い！　貧乏を運命と思って受け入れたことはないし、これからもするつもりはないからね！

今のところどうやったらこの貧乏から抜けて自由になる一歩を踏み出せるのかわからないけど、一つだけわかっているのは、どれくらい長くかかっても何を犠牲にしなくてはならなくても抜け出すということ。自分の子供たちにいい教育を与えたいし、貧乏から抜け出す覇気を持ってもらいたいね。貧乏は抜け出すのが大変で、一度受け入れたらこれが普通になってしまうからね。

貧乏な家庭に生まれるのは恥ずかしいことではない。でも、それを乗り越えられないとあきらめるのは恥でしょう。裕福で発展した国に住んでいて、ここでは努力をする人は誰でもチャンスに気づいて掴むことができるはず。私たちの家族は、もしチャンスが与えられなければ自分たちでチャンスを作ってこの状態から抜け出しますよ！

貧乏は段々広がる麻痺のようなもの。最後には、自由を求めたり人生によいことがあるのを喜んだりする希望を破壊し、何かをする意欲をつぶしてしまう。それに、病気や批判や痛みに敏感になって、不安の中で暮らすようになってしまいがちだから。

私たちの子供たちはまだ小さくて、貧乏を運命として受け入れてしまったら、どんな危険があるのかわかっていないでしょう。でも、この危険に気づけるように私が心配りします。それから、裕福への意識を持たせるように気を付けますからね。裕福になり、富の代価を払える準備をします！」

自分の状態を変えるべきだと考えますか？　もしそうなら、変えねばなりませんし、あなたには変えることが可能です。

「変えるべき」と思えるか否かは信念にかかっています。自分のソフトウェアの書き換えは可能なのです。

〈パワーヒント〉信念を変えるためのポイント

経済目標に達するために信念を変えましょう。

- 人生は信念のあらわれ
- どの信念に「責任がある」か見出す
- 証拠を意見から切り離し、自分の目標に合った新たな意見と交換
- 新たな意見から信念をつくる。それを支える証拠を探す
- 信念を変えたら新しいことをする。たとえば、習慣を変えて人生を変える
- 信念を変えたらすぐに冒険をする。今すぐに第一歩を踏み出す

これで経済的成功への準備が完了!

レバレッジ

お金持ちになるための「○○しなければ状態」をつくるためには、レバレッジが必要です。レバレッジとはプレッシャーや「テコの原理」を意味します。レバレッジは、○○をやらなければ後々苦労することになり、やれば喜びが大きい場合に存在します。

レバレッジを人工的につくり出すために、まず、**自分の経済状態が変わらなかった場合にどのような痛みを感じるか想像してみてください。**

自分が手に入れられないものを書き出しましょう。 将来、経済的安全がなく、自由になれなかったら、何を逃すでしょう？　それは、人間関係、健康、ストレス、自尊心、自由になりたいという要求にどう影響しますか？　いつまで経っても同じことを望み続けないとならないと考えたら、どんな感情になりますか？

自分へのプレッシャーを高めるには、痛みを避けるだけでは足りません。「しなければ状態」にするには、**到達できたときの喜びのイメージも必要**です。

次に、**経済的に独立して、働かなくても生活できるとしたら何が手に入るか書き出してください。**

たとえば、自分がやりたいことや、他の人のためになることができます。

人生の喜び、自尊心、人間関係にどう影響するでしょう？　どれほど自由時間があって、好きなことができるでしょう？　健康や自分のモラルに沿った生き方にどう影響すると思いますか？　周りの人と自分の生活はどれほど豊かになるでしょう？

ただの希望を「どうしても、こうしなければ！」に変えるためには、**なぜこれをしなければならないか、という理由が必要**です。

「どうやって？」と考える代わりに、「なぜか？」と考えてください。目標にたどり着いた人は、初めに「なぜか？」を考え、その後「どうやって？」と考えます。

「なぜか？」90％、「どうやって？」10％、の割合で考えます。多くの人は、90％「どうやって？」と考え、10％しか「なぜ？（理由）」を考えないから目的に到達できないのです。

この章を読み、考え終えたあなたに、おめでとうと言わせてください。大変だったとは思いますが、これで資産への基本が固まりました。自分が何を求めているのか、はっきりしましたね？

多くの人が奇跡と呼ぶ結果を、あなたは7年で得ることができます。

なぜなら、自分の将来を自分でコントロールできるからです。あなたはすでに、裕福になるために必要なのは何か、という詳細なイメージをつかんでいます。一歩踏み出して、お金を本心でどう考えているかを認識しました。目標に達するための助けになるように、信念が変わったのです。

ボード・シェーファーからのマネーアドバイス

- 今の状況は自分の信念の鏡像
- 自分の現在の所持品は、自分のためになると思っているもの
- 富裕への準備は、お金を持って気分が良くなるところから始まる
- 経済的な自立をポジティブに考えるより、経済的余裕をネガティブに考える人が多い
- 育った経済環境は、お金について周りで観察される状況と同じく自分に影響を与える
- 経済状況を効果的に改善するには、イメージを変える必要がある
- 信念を知らない、または、変えないでお金を持つのは不可能
- 助言は道だけではなく限度も示す。なぜなら、助言者の言い訳の場合があるから
- 助言は周りの人ではなく、裕福な人からもらう
- 自分が本当に手に入れたいものの入手を可能にする信念を開発する
- 信念は30分で変えられる
- 信念の基本は、この意見が自分の目的地到達への助けになるかどうか

● 自分の人生が思うようになっていないなら、どの信念が背景に隠れているか探し出す

● 経済目標に到達する3つの基本

1　変化しなければならない

2　自分を変えなくてはならない

3　私は変わることができると確信する

● 「○○しなければ状態」をつくるにはレバレッジが必要。レバレッジは痛みを避け、喜びを感じることから成り立つ

● レバレッジを人工的につくり上げるには、目標に達せなかった場合の痛みと、達した喜びを想像する

● 目的にたどり着く人は、初めに90％「なぜか？」と考え、その後10％「どうやって？」と考えている

第2部

最初の1億円への実用ガイド

第6章

借金
その理想的な付き合い方

「長期的な問題に
短期的な解決法は禁物」

ダニエル・S・ペーニャ『Deals and Acquisitions』より

借金はそれほど珍しいことではなくなってきました。ドイツの4分の3の家庭が、ツケで物を買うなど、消費者信用の経験があります。いい悪いは置いておいて、ケチな節約生活ばかりでは、人生はつまらなくなってしまうと考える気持ちは理解できます。

学生生活を終えた後、私には400万円の借金がありました。

私は父のようになりたくありませんでした。父は何か買うと、ノートを取り出して鉛筆で支出の金額を書き込みました。たとえば、「アイス40円、1968年8月3日」という具合にです。

私は、ケチにはなりたくないと思っていました。友達と一緒にレストランに行くと、たいていはおごりました。車を見ればその人のレベルがわかるので、大きな車も買いました。税金対策で支出も増やしていました。

世の中には、クレジットカードという素晴らしい発明品が存在します。自分で払わなくてもクレジットカード会社が払ってくれるのです。

「人生の勝者は一等席にしか乗らない」と聞いたので、必ず一等席に乗りました。普通のワインではなく、シャンペンを飲みました。普通のステーキではなく、フィレステーキを食べました。

裕福になる前から、自分の将来の夢である、裕福な人間のように生活していたのです。しかし、過去のツケはすぐに請求書、督促状、分割払いという形で私を襲い始めました。

さらに、お金を借りることにしました。私はお金のシフトを始めたのです。分割払いで支払えるように、新しいローンを組み始めました。こうして、借金の渦に飲み込まれていったのです。

あなたの経済状況はわかりませんが、もしかするとこの章を最後の命綱と思って読んでいるかもしれません。消費者信用のない人は最初だけ読んでください。それほど口座残高がマイナスになっていない人は、この章を最後まで読んでください。

賢い借金と賢くない借金とは？

もちろん借金にも種類があります。住宅ローンは代償価値があり、法律で決まりがあります。それ以外に、自分の会社に対してや、個人的なローンもあります。私は、消費者信用は非常に危険だと考えています。

家具、車、旅行、楽器、テレビ、洗濯機などは、典型的な消費者分割払いの対象です。アパートに引っ越したら、それに合った家具が必要だと思っている人はたくさんいます。こういう人は、消費者ローンを組まないようにおすすめします。「自分が欲しいものと必要なものは違う」のですから。会社を設立する際の負債はまた別物です。今日では、O.P.（他の人）とO.P.M.（他の人の資金）という2つの大黒柱なしには速やかな成長は望めません。

消費者信用の長所と短所を見てみましょう。まずは長所です。

……。**何もありません！** 消費者信用は愚か。破壊的、意欲のエネルギーを消費し、大概は悪循環にハマって終わります。

私たちはお金の問題解決のために、長期的か、短期的な間に合わせか、のどちらかにエネルギーを注ぐことができます。しかし、短期的解決では、実は長期的な目的は達成されません。私たちの目的は裕福になることです。今お金を借りて裕福であるかのような生活を送っていては、いつかモチベーションは下がります。

なぜなら、しばらく経つと、**事態が良くなっていないことに気づく**からです。お金は数えられます。もし、資産を数えてゼロより少なければ「なぜ自分は働いているんだろう?」と考えてしまうでしょう。借金をして、**仕事が与えてくれるはずの未来のご褒美を今もらってしまっては、モチベーションが下がるのは当然**です。

モチベーションが下がる最後の理由は、**自分で消費者信用は「良くないこと」と感じているから**です。自分の良心に反して行動すれば自尊心を弱めます。自尊心が弱まれば、モチベーションも下がってしまうのです。

モチベーションは、将来良くなるだろうという期待に応じて上がります。理想の状態に到達するには、長期的なプランを立ててエキスパートとならなければなりません。

個人的に借金を抱える人には、プランを立てる時間もモチベーションもありません。その代わり、「重要でないが対応しなければならないこと」に追われます。

個人的な借金をした場合に予期できることがあるとすれば、逆説的ですが、予期できないことが起きるということです。ローンを組む人は、将来の収入で欲しいものを今日購入しています。

でも、将来収入がなくなる可能性はあり、予期しない状況が発生する可能性もあります。もし、予期できない理由で収入が下がり、分割払いの返済ができなくなれば、モチベーションと人生の喜びをなくしてしまいます。

古代バビロニア人は自分自身を担保にお金を借りていた⁉

経済的な自由をつかみたいのなら、自分が間違った信念を持っていた、もしくは持っている、と認識することです。

脳の仕組みを思い出してみましょう。私たちは痛みを避けて、喜びを求めるために色々なことをします。負債を抱えるのは、今痛みを避けたいと考えるからです。欲しいものが手に入らない、ことは痛みになります。気に入った服を買ったり、旅行の予約をしたりすれば喜びを感じます。

買い過ぎが長期的に困った状況につながるということは、脳にはそれほど重要ではありません。短期的に痛みを避けて、楽しみたいと思うからです。

人間は戦略的に計画して、分析する能力を進化させてきました。しかし、**「今の痛みを避け、喜びを感じたいというプログラム」は、「計画・分析するプログラム」より強力**です。

長期的に大きな負債を抱える苦しみが、今何かを我慢する短期的な痛みより、ずっと大きいことは誰もが知っています。でも、過去４０００年にわたり、個人負債は減る方向に進んでいません。「今を楽しみ、痛みを避ける」プログラムがいかに強く私たちの行動を左右するか、バビロニア人の例を見てみたいと思います。

古代バビロニアには、すでに消費者信用がありました。バビロニア人は今の銀行の前身となる金貸しの所に行き、「お金を貸してほしい。保証は○○（担保は○○）」と話をしました。現在ある担保以外に、バビロニアで担保にできたのは自分自身でした。誰もが自分を担保にできたため、ローン業は非常に繁盛《はんじょう》しました。返金ができない人は奴隷として売られたのです。住宅が売りにかけられるように、人間が売りにかけられたのです。10人中9人の奴隷が「壁で亡くなり」ました。

ギリシャの歴史家ヘロドトスの記述によると、バビロニアの壁は古代世界7不思議のひとつです。新バビロニアの創設者ナボポラッサルの下で増設された壁は50メートルの高さがあり、長さ18キロで幅は6頭の馬が並んで走れるほどでした。

壁を立てたのは奴隷です。陽が容赦《ようしゃ》なく照る下でレンガを積み上げる奴隷たちの仕事は、とても辛いものでした。奴隷の平均寿命は3年です。疲れて倒れたら見張りがムチ打ち、それでも立ち上がれなければ、壁の上から落とされて下の岩に当たって一生を終えました。死体は夜のうちに片づけられます。

バビロニアの住民は、これを毎日見ていましたので、奴隷の仕事を誰もが知っていました。興味深いのは、奴隷の3分の2は戦争の捕虜ではなく、バビロニア人だったことです。

こんなリスクを負うことがわかっているのに、何を考えて自分を担保にこんなローンに応じるのだろう……。しかも、何が起きるか知っているのに……。あなたはこう考えたでしょう。

その答えは、人間の脳が、今を楽しみたい、今の痛みを避けたい、と思うからです。将来、自由がなくなり、痛みを感じ、奴隷として人生を終えるのは、今より遠い先の苦しみです。

目先の喜びのためにお金を借りてしまえば、いくら自分の経済状態を分析しても、裕福にはなれません。

借金を防止するアメとムチの定義

お金を借りたバビロニア人の多くが奴隷になりました。でも、金貸しからお金を借りずに、お金をうまく扱えたバビロニア人も当然います。この人たちは自分の財産を築き上げ、バビロニアを裕福な都市にすることに貢献しました。この違いは、どこにあったのでしょう?

才能があるのに破産した人もいれば、ゼロから始めて資産を稼ぎ上げた人もいます。両者の頭の中には「ムチを避けてアメを手に入れる」プログラムが入っています。

違いは、何をムチ、何をアメ、と定義しているか、という信念です。何を痛みと感じ、楽しいと思うかは自分で決めることができます。

絹のデザイナーブランド品で、高いネクタイしかしない人を知っています。この人は、ノーブランドのポリエステルのネクタイはしません。風でネクタイがはためいて、低レベルのブランドロゴが見えてしまった場合、心身に痛みを感じるからです。

逆に、高いネクタイを買うことに痛みを感じ、安くネクタイを手にできたら喜びを感じる人もいます。これが、信念が、痛みと喜びを決める証です。

私たちは、論理的洞察や抱負に基づいて行動するのではなく、信念に基づいて行動します。信念を変えることで、経済的状態が変わります。

「なぜ、自分はたくさんお金を得る価値があるのか?」を考えてみてください。

あなたが負債を抱える原因となった信念はなんですか？　それを考える助けになる質問をいくつか挙げます。

・負債があるとどのようなメリットがあるでしょう？
逆説的ですが、たとえば、自由ではなくなる、限界、イメージが悪くなる、気楽などです。

・負債をなくすとどのようなメリットがあるでしょう？

・負債なしのメリットを享受すると、さらにどのようなメリットが生まれるでしょう？

・どんな信念が負債の原因なのでしょう？

・このまま負債を持ち続けるくらいなら、何を我慢しようと思いますか？

・今後どうしようと決めましたか？

第5章でお話しした方法で、信念を変えてください。自分をプログラムし直して、人生をマスターしてください。偶然持ってしまった信念によって、自分を奴隷にしてはいけません。

借金を減らすための12の実用的ヒント

ここで、借金を減らすための12の実用的なヒントをご紹介します。

1　長期的な目的に意識を向けましょう。考えも、発言も、行動も、この目的に合わせてください。

2　信念を変えましょう。信念を変えずに、ここでご紹介するヒントを応用しようとしてもムダです。

3　「これくらいなら、いいかな」とは考えず、1円もムダにしないこと。

4　支出を書き出しましょう。面倒だと思いますが、やる価値があると保証します。予算プランを立ててください。

5　借金があるなら今すぐクレジットカードを捨ててください。口座に500万円保持するようになったら新しくカードをつくりましょう。

6　誰かにお金の貸しがないか、すべてリストアップしましょう。貸した相手の所に行って、返済してもらいましょう。分割払いを提供してもいいでしょう。少しでも返ってくれれば家計の助けになると考えてください。

7　債権者とはオープンに話しましょう。何かを隠しても、問題を大きくするだけです。オープンに話せば、理想的な返済計画を受け入れてもらえることも多々あります。

8　返済額は、毎月支払おうと思っていた額の半分以下を提案しましょう。その理由は、すぐに倹約を始めるため、必ず返して債権者を安心させるためです。
9　支出のたびに、これは本当に必要か？　と自問しましょう。
10　さらなる収入源を探しましょう。
11　毎月の最大支出額と最低収入額を決めましょう。
12　切迫感を演出しましょう。絶対的な緊急事態をシミュレートして、できるだけ早く行動してください。

もう信念を変えて、クレジットカードを捨てましたね⁉

借金の2つの面を見てみよう

借金に対するベストプランは、返済することです。簡単にいくわけではありません。しばらくの間は、負債を抱えて生きていかなくてはならないかもしれません。ですから、負債を持っていても、幸せに生きられる方法を伝授したいと思います。

問題にはよい面と悪い面があります。私たちは今何かを変えて、さらに成長しなくてはなりません。次のことを考えてみてください。

負債の良い面とは何でしょう？　今までやっていなかったことで、今やらなければならないことは何でしょう？　どんな人に巡り合う必要があるでしょう？　変えた信念によって、どんなよい効果が生まれるでしょう？　今受けているプレッシャーを、どうポジティブなやる気に変えられるでしょう？

借金を抱えても、自分を批判しないこと

私はマネーカウンセリングセッションで、借金を抱えている人がぼろぼろになるまで自分自身を責めるのを何度も見ています。**負債を抱えている人＝失敗者ではありません。**自分がお金に対して持つ価値観で、自分のアイデンティティを規定してはいけません。あなたは尊敬すべき性格を備えた価値ある人間なのですから。

どのマネジメント研修でも、部下をできるだけ非難しないようにと学びます。どうしても非難しなくてはならないときは、いくつかの法則に従わなくてはなりません。

誰かを批判しなくてはならない場合、相手の長所を10個書き出します。

次に、行為と人格を切り離して考えます。その人自身を批判の対象にするべきではなく、行為を批判するべきです。

他人を非難するときも、自分自身を非難するときも、同じようにしましょう。多くの人が、自己批判で自分を貶めて自尊心を損なっています。私がすすめたいのは、自分を責めたくなったときに「ス

トップ！」をかけることです。

サクセスジャーナルを手に取って、自分のいい部分をリストアップしましょう。次に、信念が今の状況の根本をつくったのだと認識してください。そして、信念はいつでも変えられることを思い出してください。

「自分で抜け出すしかない」と決めると返済力が高まる

人は、他人や周りの状況に罪をなすりつけがちです。しかし、先にも述べましたが、罪をなすりつけようとする人に、自分をコントロールする権限を与えているということを忘れないでください。**今必要なのは、力とエネルギーです。**

私はこれに気づいてから、借金を急速に返済することができました。当時、会社、顧客に対して負債を持ち、国に対しても税金を払えませんでした。

「自分でつくり出した状況だから、自分で抜け出すしかない」、この認識が他に罪を与えるのではなく、負債に立ち向かうエネルギーを与えてくれました。

最悪の事態と思っても、実はたいしたことはない！

不安は、人の思考と行動を麻痺させるだけです。

あなたは今、何を怖がっていますか？

もし、緊急事態が起きたとしても、何か良い面を探しましょう。まず、最悪の事態を考えてください。それでも、どうにかなります。

こう信じるのは難しいかもしれません。でも、こう考えられるようになったら、不安から解放されます。

緊急事態は、過去の終わりと考えてください。昔の状態を破壊して、新たな創造を可能にしてくれます。破壊の後の空白は、新たに埋めることができるのです。

こう考えれば、災難も良い面を持っているとわかります。ピンチは、新たなことを始めるチャンス。**成功の始まりの多くは、災難の後に起きているのも事実**なのです。

他人の意見は聞かなくていい

負債者のカウンセリングでよく聞くのは、「近所の人はなんと言うでしょう？　恥ずかしいです。親も恥ずかしくて外に出られなくなるでしょう」というような嘆きです。

人間の価値は、経済的状態で測られるわけではありません。お金を持っている間だけつき合ってくれるような人は友人ではありません。迷わず関係を切りましょう。他人の意見に影響され、自分の感情を乱すべきではありません。

同情されたい人は、苦境から抜け出せない

迷いを見せてはいけません。自分の負債については誰にも話さないでください。自分の苦境を話題にする人は、実は他に助けを求めていることが多いのです。助けは必要だからといって得られるわけではなく、得られる価値がある人に与えられます。

自分の問題について話しても、得られるのは同情だけです。同情を得られた人は、もっと同情してもらうために、さらに悪い話をします。同情してもらうためには、苦境にとどまっていないといけないからです。

心配してもらえるのは、うれしいことです。しかし、同情という形でしか親身になってもらえないような人間になってはいけません。尊敬される人になりましょう。

必要なのは、勝者のアイデンティティです。勝者はチャンスを呼び寄せ、迷いを見せません。

隠し金を貯めておけば80%の問題は避けられる

負債持ちのFさんがいるとします。1750万円の借金があり、全くお金を持っていません。収入もありません。

クレジットカードもなく、来週からは食べることにも困りそうです。電話会社は、あと一週間で請

求書を支払わなければ電話を止めると言っています。電気会社も同様です。ガソリン代も払えません。考えればわかるのですが、彼の問題の80％は１７５０万円の借金ではなく、今50万円持っていないことに由来します。

１７５０万円の借金はもちろん問題です。しかし、80％の問題を解決するためのエネルギーは、Ｆさんが50万円現金で持っていれば費やす必要がありません。

50万円がないから、**収入を増やすという一番の問題解決に集中できない**のです。ですから、あなたはいつも金庫かどこかに最後の手段の隠し金を持ちましょう。

さらに一歩、話を進めてみます。Ｆさんは１７５０万円の借金を返す可能性がない、と想像してみましょう。彼はプライベートと会社のお金を切り離せず、逃げ道がありません。破産の申請をしなくてはなりません。

もし、２５０万円の現金が隠してあったらどうだったでしょう？

節約すれば6～12カ月ほどは暮らしていけて、請求書もある程度払うことができたでしょう。さらに、その間に新しいアイデアを出して、新たな事業を始めることもできたかもしれません。

〈パワーヒント〉最後の手段となる、隠し金を持とう

- 貸金庫にいくらか現金を蓄えておく（たとえば250万円）
- 日常的な問題の80％は現金の蓄えで解決できる。借金の全額ではなく「小さな」問題の積み重ねが負担となっている
- 現金の蓄えは緊急時の予備金。破産や財産開示を避けるために使うこと。それまではないものとして考える
- 隠し金があれば、新しいスタートへのチャンスに充てられる
- 隠し金は自尊心と安心感の源になる
- 自身の健康と家族のために隠し金は必要

破産するなら、少し前に

もし、破産が避けられないようであれば、時期をよく吟味しましょう。破産処理経験のある弁護士をできるだけ早く探して相談します。破産すべきか、しないべきか、助言をしてもらえます。深い泥に埋まった手押し車を引き出すのは、新しい手押し車を買うより大変です。

もし破産を決めたら、時期が重要です。もうこれ以上は待てないという状態ではなく、少し前にすることで様々な利点があります。

自分の子供のように、時間やエネルギー、お金を費やしてきた大切なものを手放すのですから、決めるのは難しいでしょう。でも、今まで悪くなり続けた状態が何もせずに突然良くなるとは思えませんから、専門家の意見を聞き、指示に従いましょう。

返済がうまくいく半々の法則

自分が持っているお金の半分以上を負債返還に充てるのは避けましょう。もし30万円の月収があり、25万円の必要支出があれば、残りは5万円のみです。2万5０００円を返済に充て、2万5０００円は貯金しましょう。

銀行や親は違う助言をするに違いありません。でも、まずは「数年後に負債なしの状態をつくる」

と考えてください。そうすれば、やる気も出ます。これまでのプレッシャーから解放されるので、短期的にいい気分になれるでしょう。

ただし、それは目的ではありませんし、負債なしはあなたのビジョンではあり得ません。目的は、250万円の資金を持つことです。そしてさらに、2500万円、1億円……、と資金を増やしていきましょう。今から「自分は資産持ちである」という意識を育て、貯金し始めましょう。半々の法則を理解してから、私のアイデンティティは全く変わり、負債がゼロになる前に貯金を始めました。

あなたも今から始めてください。どれほど負債があっても、今すぐに始めましょう。資金を持つのは、負債がない人よりは時間がかかるでしょう（普通に考えると、倍の時間がかかります）。それなら、倍稼ぐようにして、50％の貯金が、負債がない場合の100％と同じ額になるように試みましょう。

〈パワーヒント〉資産づくりのヒント

持っているお金の半分を負債返還に充て、残りの半分を貯金しましょう。

- 資産づくりは、すぐに始められる
- 半々の法則で、やる気が出る。資産を積み立てながら負債を減らせる
- 予備の現金を持つことで裕福という意識に慣れる
- 予備のお金を持つ。負債があると、さらにローンを組むことは難しい

1日500円生活の恩恵――規律がお金の才能を開花させる

負債をすぐに返済したいと思い立った私のプランは、債権者に自分の状況を話して、できるだけ早く返済するというものでした。

単に3カ月の支払い延期を認めてくれるように頼んだだけで、予備のお金を増やすことができ、お金に対する考えも変えることができました。裕福な人の信念を持つことができたのです。

これに並行して、自分がどれほど規律正しいか知りたいと思い、家賃、電話、車、保険、その他の固定費以外は、1日500円で生活しようと決めました。**500円で食費と不規則な出費に対応したのです。**

昔の私は、自由とは「やりたいことができること」だと思っていましたが、新しい考えでは、自由とは「自分で決めたことを実行する規律を持つ」ことと変化していました。

この決まりは、規律を守って、金貸しに行かず、自分で資産を築き上げたバビロニア人を参考にしました。古代バビロニア人は言っています。

「自分の弱さに負けたら、自分を自由な人間とは呼べない。自分は形のない柔らかい土か、それとも強くて不変のブロンズなのかどちらか考えよ」

1日500円生活をやり遂げるのは、とても大変でした。でも、段々自分が決めたことをやり遂げるのが誇りになりました。

当時の私は、フォードのフィエスタに乗っていましたが、ドライバー側のドアの取っ手が壊れていました。ドアが外から開けられないので、いつもリスのように助手席側から身をよじって運転席に移動しなくてはなりませんでした。顧客がこんな姿を見たら信頼をなくすのでは、と心配もしました。

1万8000円の取っ手を買おうか、とかなり迷ったことはご想像いただけると思います。仕事に支障が出るかもしれないから、「絶対必要支出」だと考えようとも思いました。でも、それでは自分の決めた500円の決まりを破ることになります。

ですから、助手席側からしか乗り込めないように、車をいつも壁際か他の車にすれすれの位置に停めました。

この決まりを8カ月続けました。この間に、予備の現金を貯めて負債をすべて返済することができました。何よりも自尊心を取り戻すことができました。このとき、自分で何かを決めたらやり遂げられると確信しました。

500円プログラムを始めるまでの私は、規律のない生活を送っていました。規律が自由につながると気づいていなかったのです。それまでの私は規律を守ることは、頭がよくない人のする古い道徳的行為だと思っていました。

私がどのようにして規律を学び、規律に対する態度を変えたか、お話しします。

ある日、私はコーチと一緒にコーヒーを取りにキッチンに行きました。コーチはポットを手に取り、コーヒーを床に注ぎ始めました。私はコーヒーがかからないように横に飛びのき、「待った、待った！カップを持ってませんよ！」と叫びました。でも、コーチは注ぎ続けます。驚いて床のコーヒーを見ている私に、コーチはゆっくり噛み含めるように言いました。

「シェーファーさん、ムダに床に広がっているコーヒーはあなたの才能です。カップがなければ、いくらたくさんの才能があっても意味がありません。規律がなければ才能は無意味です」

コーチのこの行動と言葉が、規律の大切さをわからせてくれました。床のコーヒーを拭きながら、規律が私の才能のテコになるということに気づいたのです。規律はパワー、無限の可能性を形にしてくれます。規律がなくては、才能は花開きません。

負債返済が絶望的ならどうするか?

先にも述べましたが、破産や財産開示が避けられないなら時期をよく考えましょう。お金に余裕があれば、どちらも世界の終わりとはなりません。しばらく経てば、これまでと同じような状態に戻れるでしょう。

債権者も、お金がすべて戻らないとわかれば部分的な返金でも満足してくれるでしょう。「30%の返済でも、0よりはマシ」という理屈は案外通用するはずです。

もちろん、破産や財産開示をすすめているわけではありません。両者とも選択肢としては、それほど悪くないと言いたいだけです。自分には長期的な目的があることを忘れてはなりません。破産や財産開示を避けるのは目的ではありませんが、1億円の資産を築くのは目的です。

昔の同僚が、あるとき870万円の負債を負いました。紳士な彼には、頑張って返す以外の道は考えられません。とにかく残業をしました。夫人は子供2人の育児も家事もしながら、掃除の仕事と語学の先生の掛け持ちをしました。2人の手取り収入は28万円で、そのうち15万円を返済に充てました。思いがけない出費があることもあり、決めた月返済額をいつも守れるとは限りませんでした。

それから7年後に会ったとき、私は彼のために状況の分析をしてあげました。毎月約15万円を返済し、生活は不自由でした。不眠状態からやせてしまい、鬱《うつ》で、家には笑いがありません。

このとき、いくらの借金が残っていたと思いますか？　850万円です！　返済の大部分はローンの利子に充てられていました。残りは新たな返済と税務署行きです。

もし財産開示をして、3年後に250万円と提案したら、その時点で負債から逃れられただけではなく、270万円を資産にできたはずです。もし、月に15万円を節約すれば、7年後には少なくとも1260万円の黒字だったはずですが、銀行にした約束は守らねばと紳士的に考えたために850万円の赤字です。

大きな期待こそ現実化する

負債を抱える人の多くは、希望をあきらめ、夢を葬ろうとします。「少なくとも少しは楽しまなきゃ」という意見には耳も貸しません。

節約が新しいモットーになり、「自分は富には向いていない」と思い込んでしまいます。「分相応」という誤った信念で自分の中がいっぱいです。

わずかなものに満足し始めた人は、あきらめてしまった人です。これでは最低水準の生活を送ることで満足してしまいます。しかし、**負債ができたのは裕福になる才能がないからではなく、間違った信念を持っていたから**だということを忘れてはなりません。

負債を持った人が自分の目標を下げてしまう唯一の理由は、自尊心が欠けていることです。大きな負債を抱え、それでも自尊心を持ち続ける人は、裕福になるしかないと考えられます。やるしかない、と考えるのです。受け身の態度ではうまくいかないと気づきます。

自分に期待しなければお金は手に入りません。たくさん期待をする人は、より良くするために動きます。風刺作家のジョナサン・スウィフトはこう言っています。

「期待しない人は幸いです。落胆もしませんせん」

自分への期待値をもっと上げましょう。暗いときには光が必要です。今こそ、夢のアルバムをつくり始めるときが来たのです。自分の気に入るもの、なりたい、したい、持ちたいものの写真や絵をすべてアルバムに貼りましょう。

目標にはできるだけ早く到達するべきですから、アルバムづくりは今すぐに始めましょう。昔フォードのフィエスタに乗っていたとき、将来は５００万円の車に乗りたいと思いました。期待するからこそ、現実化すると知っていたからです。購入は、現金で行なうと想像しました。すると、２年半後には実現したのです。

自分が欲しいものより、劣ったものを手に入れて、満足してはいけません。欲しいものを手にする価値が自分にはない、と思い込んでもいけません。自分の価値は自分で決めるのです。期待しなければば手に入りません。あなたに必ず光が当たるときがきます。

難問を楽しむには?

問題があると楽しめないと考える人がいます。問題解決するまでは額にしわを寄せながら歩かないと、と考えてしまいます。しかし、ここまで読んでわかっていただけたと思いますが、**「裕福になりたい人は、問題点満載のリストを欲する」**必要があります。

問題は常に存在するでしょう。楽しいばかりで問題も心配も起きなければ、意識的に問題を楽しむことができません。自分が到達した成功に誇りを持てるのは、難しい問題や状況を解決するからです。どの問題も何かしらのプレゼントをくれます。プレゼントを受け取るために問題を探しましょう。

苦しみの後ろには、金脈が隠れています。このチャンスがあるから、人は成長できるのです。これが、問題発生を喜ぶべき理由です。問題があっても楽しめるようになってください。では、楽しむにはどうすればいいか考えてみましょう。

3つの庭が教えてくれる負債に関する最高の知恵

あるとき、子供が森を散歩していて、空き地のそばの家を通りかかりました。両脇に庭があり、それぞれ庭師が立っています。一方の庭は荒れ果てて雑草がいっぱいです。庭師は雑草を抜きながら文句を言いっぱなしです。

もう一方の庭は花が咲き、自然が満ちています。こちらの庭師は苦労なしに手入れしているようで、木にもたれて口笛を吹いています。

子供はリラックスして幸せそうな庭師を訪ねることに決めました。そして、なぜ彼が簡単に庭の整備ができ、隣の庭師は一生懸命に働いているのに美しい庭が持てないのか聞きました。

彼は答えてくれました。

「昔は私も隣と同じように雑草を抜いていたんだよ。でも、抜いても抜いても生えてくる。根は残っているし、引っこ抜いた草から種は飛ぶし。庭の片端をきれいにしたら、すぐにもう一方の端の雑草抜きを始めなきゃいけなかった。

それで私は考えて、雑草より早く育つ花や植物を探したんだ。雑草は追いやられて、花がある所に雑草は生えなくなった。この庭は花たちが自分で整備しているんだよ」

暗くなってきたので、子供は彼の家に入れてもらいました。家族が部屋に座っていると、彼は突然電気を消しました。真っ暗です。「暗闇を引っこ抜けるかい?」と彼は子供に聞きました。電気をつけた彼は続けて言いました。

「暗闇に勝つには光を当てること。スコップでのけることも引っこ抜くこともできない」

たとえば、不安と戦っても、あまり意味はありません。不安への一番いい対処法は感謝です。やり遂げられるか、うまくいくか、と自分の未来に不安を持ったら、簡単でいいエクササイズがあります。

自分が感謝していることを5つ書き出してください。 不安を引っこ抜いたりのけたりするのは不可能です。闇に光を当てるように、感謝の念で不安を「上書き」してください。

負債を避けようとするのは、闇を取り除こうとするようなものです。ですから、半々の法則が重要になります。負債に勝つ一番の方法は資産を築くことです。

次の日、彼と子供が一緒に歩いていると、3つ目の庭がありました。

「この庭の持ち主はよい医者で、庭に生えているのは薬になる毒草だよ」、彼はこう教えてくれました。あなたも毒を薬にしましょう。**自分が置かれている状況をバネにしましょう。**簡単な人生ではなく、もっと才能を増やすことを喜びとしましょう。問題がどうにか解決してくれることを望む代わりに、問題を解決できる才能を望みましょう。

プレッシャーにはメリットもあります。プレッシャーは、あなたが自分自身で可能性をつぶすのを防ぎます。行動的でクリエイティブになるように仕向けてくれます。プレッシャーを毒ととるか、薬ととるかはあなた次第です。

成功をマネージするのは誰でもできます。失敗をマネージすること、これだけでいいからです。負債は問題ではありません。負債をどう解決するか、というあなたの姿勢が重要なのです。

自分の直観に従いなさい！

自分の状況と、距離をとってみましょう。問題をあまり根詰めて考えてはいけません。人生ゲームをして負けても生死に関係はありません。負債があっても死にはしませんから、自分を追い詰めてはいけません。

私の最後のメンターは億万長者で、私が難しいビジネス決定を下さなくてはならないときにいつも言いました。

「ボードさん、自分の直観に従いなさい。宇宙時間から見たら、その決定はおならでしかないから」

あなたはもう、古い信念を、お金をもたらす信念に入れ替えましたね？

さあ、富を築く準備が始まりました。今までは想像できなかったこともできるようになります。ここからあなたが、どれだけ成長するか見守っていきたいと思います。

ボード・シェーファーからのマネーアドバイス

- 長期的な問題に短期的な解決策は用いない
- 消費者信用はモチベーションと自尊心を殺す
- 信念次第で負債が起きる。信念はいつでも変えられる
- 自分を責めるエネルギーを負債対策に使う
- 負債から規律を学ぶ。信念を変えれば規律を保つのが楽
- 目標は高く持つ。期待することで将来手に入れられるものが決まる
- 問題は私たちへのプレゼント。問題を楽しむこと
- 経済問題を薬と見るか毒と見るかはあなた次第
- 誰でも成功はマネージできる。失敗をマネージするだけでいいのだから
- 負債は問題ではない。負債をどうとらえるかが問題

第7章

一番確実な収入の増やし方

「一日中働く人は
お金を儲ける時間がない」

ジョン・D・ロックフェラー（史上最大の資産を築いたスタンダード・オイル社創設者）

誰もが自分に見合ったものを手に入れます。「今よりもっと、自分は得られるはずだ」と言う人がいますが、これは間違いです。もし、もっと得られるはずなら、本当に手に入っているはずだからです。

収入は、経済市場におけるあなたの価値です。市場は、好き嫌いではなく、価値で人を判断します。もちろん、パートナーや友人、家族にとっての価値を問題にしているわけではなく、あくまでも市場価値です。

あなたの価値を決めるのは自分自身です。それゆえ、自分の収入を決める、市場の法則を知るのは不可欠です。法則を知らなければ、豊かになることはもちろん、「では、違う方向に進もう」と考えることもできません。

自分で勝ち取らなくては、収入はアップしません。他の人があなたの収入額を決めるのでは、他人があなたの人生をコントロールしていることになります。責任を取り戻しましょう。収入額を自分で決定しましょう。

次に挙げるのは、何世紀にもわたって語られてきた「収入を上げる法則」です。被雇用者でも自営業者でも通用します。この章を精読すれば、1年以内に収入が20%は上がるでしょう。

収入アップ交渉の鉄則「強みで自分の市場価値を示す」

儲けた金額は才能の表れです。収入がアップするのは、市場価値を高め、お金を自分で勝ち取るからです。

給与の交渉は、ほぼこの点を間違って進められています。被雇用者で給与アップを狙うAさんが上司のJさんに言います。「子供ができて、大きなアパートに移る必要があります。新しい車も必要です。だから、給与を上げてください」

これでは、JさんはAさんの給与アップに反対しますし、Aさんは会社にとって自分は必要なのだろうか、と悩むことになります。

給与を上げたければ、**「なぜ、給与アップが自分にふさわしいか」を説明**しましょう。話し合いに備えて、自分が会社にとってどれだけ役に立っているか、そして将来、何ができて、役に立てるかリストアップしましょう。自分の強みをすべて挙げましょう。話し合いのテーマは、「自分の価値を会社に知らせること」だとはっきり伝えましょう。

もし交渉の経験があまりない人は、鏡の前か、親しい人の前で練習をしてください。強みを見せてください。自営業者でも同じことです。誰にも弱みを見せてはいけません。弱い人には誰も従いません。自分の価値に迷いがない人に、人は従います。あなたの強みこそ、給与アップにつながるのです。

権利よりも、貢献で収入は上がる

権利ばかりを主張しても、収入アップにはつながりません。会社が自分に何をしてくれるかではなく、自分が会社に何をできるか考えましょう。

あなたの権利ばかり認めていては、会社はつぶれてしまいます。

「国が自分に何をしてくれるかではなく、自分が国に何をできるか考えなさい」

ジョン・F・ケネディはこう言いました。

この考え方は、そのまま収入アップにつながります。他人のおかげではなく、自分ができることや市場価値を伝えましょう。他者のためになりながら、収入も高めることで満足感は得られるのです。

あなたの市場価値を高める働き方とは?

人が期待するより、もっと多くの成果を与えましょう。周りの人を驚かせ、自分自身の期待以上の成果を出しましょう。

私が学生時代にバイトをしていた会社で知り合った、ベテランの社員は、こう教えてくれました。

「午前中の中休みは18分前に始めて約9分後に仕事に戻っても誰にも分からない。新聞はトイレで読めば20分間つぶせる。何か取りに行かなくてはならないときはカフェテリアを通過する。これで8時間労働を大体6時間に減らせる」と。

私があなたにしたい助言は、8時間労働分の賃金が支払われているなら、10時間分働きなさいということです。これであなたの市場価値は高まります。**期待以上の仕事をし、収入に値する人間になりましょう。**これこそ裕福になる働き方であり、あなたはこれに慣れるべきです。

会社があなたの努力をちゃんと見ずに、収入が上がらないこともあるかもしれません。そんな場合は、自分で起業してもいいし、転職してもいいでしょう。どちらにせよ、成功する人の働き方さえ身につけておけば、収入は上げることが可能です。

じっくり丁寧より、間違っても速く仕事をする

成功の秘訣のひとつに、「日常を緊急事態と捉える」という方法があります。**できる限り速くやる、**をモットーにしてください。周りの誰もがあなたの速さに驚くようにしましょう。時計の針を進めておきましょう。「速く仕事をすると間違いも多い」と思うかもしれません。確かに、大量に速く処理すると間違いも多くなります。でも、よいことのほうが多いのです。

間違うことは、悪いことではありません。間違うことに恐怖を感じ、何もできない人は大成しません。完璧を求めなくていいのです。**完璧を目指すのは、麻痺状態**と言えます。

会社や社会からは、普通ではない成果を求められているのです。間違いを恐れる人は何事も正しくしようとします。間違いを恐れない人だけが、非凡なことをやり遂げ、突出した成果を出すのです。

「非凡なことを、できるだけ速くやり遂げるにはどうすればいいのか？」と考えましょう。圧倒的速さで、自分に注目を集めてください。メールへの返信は3分以内にしましょう。電話もすぐに返しましょう。後回しは禁物です。

〈パワーヒント〉あなたの市場価値を高める仕事のコツ

- 仕事はできる限り速く処理しましょう。
- 間違いを恐れなくていい
- IBM社初代社長のトーマス・J・ワトソンは言いました。「この会社で出世したい人は、間違いの量を2倍にすること」
- 間違いは経験をもたらす。経験は正しく早く決定を下す助けになる
- 直観を信じることを学ぶ。決定が早くなるから
- 最初の衝動に反応する
- 決めたことの51%が正しければ裕福になれる

重要ではない仕事はない

手紙を書く、電話をする、会議室の準備のためにイスを並べる、この程度のことでも、すべてうまく行なうべきです。やる価値のない物事はありません。常に100%の力を入れましょう。**富豪があなたのしていることを見て、自分の会社のパートナーにするかどうかを検討している、と考えながら常に行動しましょう。**

パーフェクトにすることを求めているのではありません。もし、パーフェクトを求めてくる会社があれば、その会社は停滞すると思ってください。

非凡に物事を片づけましょう。すべて他人と違ったやり方でこなしましょう。飛び抜けた結果は、他の人の頭に刻み込まれます。

稼ぎを増やしたい人は、問題から逃げてはいけません。問題が起きたら、向き合いましょう。何か重大な事態が起きたら、自分から志願して立ち向かいましょう。

必要不可欠な人材になると同時に、影響力の範囲を広げる

自分の担当部門以外にも、責任を広げましょう。そして、人から注目されるようにしましょう。どの会社にも、**この人がいなくてはやっていけない、という必要不可欠な人材がいます。**あなたも必要

不可欠な存在になってください。

すべてを自分でやりなさいと言いたいのではなく、責任の範囲を広げてほしいのです。影響範囲を広げましょう。

「何かやることがあれば、自分が請け負う」と率先して言いましょう。

会社全体を成長させることが自分のプロジェクトだと考えてください。「この会社は自分そのものだ」とイメージしましょう。

くり返しますが、自分ですべてやればうまくいく、と考えるのはやめましょう。会社の奴隷になってしまいます。

成人研修（短期的視野にとらわれていないか？）

進化が初期の脳は、その機能が突発的な反応に使われていました。獲物が現れたらすぐに追いかけ、危険があったらすぐに木に登る。

狩猟民族から農耕民族になったのは、物事の関係を理解し、計画を立てられるようになったからです。「今日植えて数カ月後に収穫する」と計画することは、人間にとって重要な意識変革でした。

「高校や専門の教育」、4～6年の大学教育を受けて、その後の収入を増やすのも、これと同じことです。

学校を出たら終わりではありません。それからが始まりです。**残念ながら、この認識ができている**

人は多くないようです。そうでなければ、人々がこれほど短期的視野ばかり持つはずがありません。

支出が多すぎれば貧乏になる、チョコレートを食べ続ければ太る、くだらないテレビばかり見れば馬鹿になる。10年間、テレビをほとんど見ずに、1日2時間専門書を読んでいれば、サッカーの試合結果は知らないかもしれません。でも、毎日2、3時間テレビを見続けた人より2、3倍収入が高いに違いありません。

エキスパートになるためにニッチポジションを探す

皆がすることを同じようにしていては、砂漠の砂粒ほどしか価値を生めません。

北海のオイルリグ（石油プラットフォーム）で火事が起きたら、誰を呼びますか？

レッド・アデア（サハラ砂漠の油田火災を鎮火したことで有名な消防士）でしょう。世界には無名な消防士が山ほどいますが、レッド・アデアほど知られている人物はいません。なぜでしょう？　彼はエキスパートだからです。大きな石油火事の専門家だからです。

皆と同じようなことをしていたのでは、並みのものしか手に入りません。

もし、皆と同じことをしていたら、顧客は自分で探さねばなりません。もし、市場にエキスパートとして自分を認めさせれば、顧客があなたの所へやって来ます。

大事なのは、「より良いこと」ではなく**「人と違うこと」**をすることです。

あなたは、エキスパートになるために何をしてきましたか？

エキスパートになるためには、まずは自分像の確立から始めましょう。これから行なう決定は、この先3年間で、専門範囲の隙間のポジションを確立する、エキスパートになるために行ないましょう。自分の今持っている顧客のためにではなく、自分が欲しいと思う顧客のために仕事を築き上げていきましょう。

あなたのビジョンが、これからの収入を決定します。

もし、あなたが医者で、目標はD先生より有名な医者になることだったとします。あるとき突然、内務省から電話があり、総理大臣があなたを厚生大臣に任命したい、と言っていると伝えられたとしましょう。光栄に思ったあなたは承諾します。これであなたのビジョンは大きく変わるでしょう。

新たなビジョンは、人生に大きな影響を与えます。ビジョンが変われば、新聞やニュースのとらえ方が変わると思いませんか？

一番いいのは、内務省からの電話がなくても、新しいビジョンを持てることです。自分の情熱と才能を発見してください。どの隙間があなたを3年後にザ・エキスパートにしてくれるでしょう？　その隙間を見つけ、エキスパートの地位を確立させましょう。

最短でエキスパートになれる1枚の紙

何かを変えたいと思ったら、まず自分を変えなくてはなりません。もし、3年後、5年後、7年後を今と違った状態にしたいのなら、その準備のために何かをしなくてはならないのです。7年後に、今と同じ毎日を過ごしていたり、今と同じような結果しか得られていなかったり、他の人からの尊敬度合いも今と同じレベルでいいはずがありません。

朝のニュースで、自分が突然エキスパートになったと放送されることはないでしょう。自分が成長する以外、エキスパートにはなれません。

何かを変えたいと思ったら、まず、自分の労働時間から毎日決まった時間を取り、その時間をエキスパートになるために費やしましょう。

さらに知識を増やすために、研修に参加したり、勉強する時間をとりましょう。あなたを飛躍させてくれるグループを探し、そこに入り込む手段を見つけましょう。自分を際立たせてください。たとえば、業界雑誌に記事を書いてみてはいかがでしょう。

物事を良い方向に導くには、まず自分が今よりも高いレベルの人間にならなくてはいけません。

できる限り早く、エキスパートになるためのベストテクニックを紹介します。

それは、**商品化前にすでに自分の販売するサービスや商品が特別で、自分がいかにエキスパートであるか、という内容の広告を紙1枚に書いてみる**という方法です。これには、次のような利点があります。

1　顧客の視点から考えることに役立つ
2　要点に集中できる

3　文章を書いてみると、結論が気に入るか入らないか判断しやすい。もし、気に入らなければ、早い段階で考えを変えて時間とエネルギーを違うことに向ける

4　エキスパートになるためのステップと、目的となる顧客層がはっきりする

5　顧客のニーズがはっきりし、何が得になるか考えられる

6　すべてのプロセスが早まる。すぐにエキスパートになるための行動を始められるようになる

〈パワーヒント〉エキスパートになるための心得

- エキスパートになりましょう。ニッチなポジションを見つけましょう。
- ビジョンが変わると、自分の信念も変わる
- 今の状況に添って生きるのではなく、自分がなりたい状況を目的とする
- 目標は人をクリエイティブにする。全体像を見極めれば、どこにどのパズルが当てはまるかわかる
- 大多数を対象にするならできるだけ安く売ればいい。小さな特殊なグループを顧客対象にするなら高く売ればいい
- エキスパートになれば顧客が勝手に自分のところに来る
- エキスパートになるのは難しくない

成功する自営業者は、厳密に自分に固定給を払う

自営業者が成功できるかどうかは、被雇用者と雇用者の両方になれるかどうかによります。自営業者は、会社の口座から自分のプライベートの口座に給料を払うことになるので、この2つの口座を厳格に分けることが必要です。自分に払う給料は、決まった額でなければなりません。そうしないと、どうなるか、例を挙げながらお話しします。

自営業のJさんは、毎月30万円から120万円稼いでいます。できるだけたくさんのお金を自分に支払っています。稼ぎが少ない月には、普段の生活水準である60万円を補うために少しお金を借ります。稼ぎが良い月は自分にご褒美として与えます。

Jさんは1年に6カ月は平均月80万円、残りの6カ月は35万円稼ぎ、生活には困っていません。Jさんは自分を成功者だと思っていますから、相当の生活をするために150万円の借金をします。今の収入なら150万円は大した金額ではないですし、楽天的に考えられます。

それから2年半は心配のない生活を送りました。負債は「それほど多くはない」300万円になりました。リース代は勘定に入れていません。リースをしているのは、「税金抑え」のためです。

1年目の税金は「損失を見せられる」ので問題ありません。2年目には税金を60万円払わねばなりません。さらに、売り上げは減り、リースしていた車を売るために43万5000円を「追加払い」しました。

気がつくと、すでに５００万円の負債があり、月毎の返済額が15万円です。収入は「思いがけない事情で」月32万円ほどです。３年目の税金、前払費用、忘れていた費用の請求書……、Jさんは楽観的に何かを言うのは「現実をゆがめている」だけだと気づきます。現実はハードです。Jさんの態度では収入を増やすことはできません。

もし、Jさんが月額32万円の給料を自分に払っていれば、実にうまい話でした。生活は楽に送れますし、年に３００万円以上貯蓄できました。３年後には税金を払った後で６５０万円以上の資産が貯まっています。もし、年に12％の利子があれば78万円もたらしてくれます。モチベーションは上がり、収入も上がります。年に10％収入が増えれば7年後には裕福になっていたでしょう。

私のおすすめは、**一番低い売り上げに合わせて、自分に固定給を払うこと**です。

〈パワーヒント〉成功する自営業者とは？

- 自営業者は自分に固定給を払う
- 決まった月額で生活することに慣れる
- プライベートと会社のお金を厳密に分ける
- 定期的に預金することで、自分がなんのために働いているのか思い出し、モチベーションが上がる。モチベーションが上がると収入も増える
- 貯蓄すれば、2年後には12カ月分の経済的余裕ができる。もし望むなら、このお金だけで12カ月生活できる
- 堅実にお金を扱えば、7～10年後には経済的保障が確保される。金の卵を産むガチョウが利子を産む
- 働かなくてはならないからではなく、趣味として働けるようになる

会社にプライベートのお金を注ぎ込まないこと

プライベートのお金を、会社にすべて注ぎ込もうとする自営業者がいます。プライベートで資産をつくらないのは、自営業者のよくする間違いです。これでは、プライベートの資産が、会社の成功か、会社が将来高く売れるか、に依存してしまいます。

もし、どうしても自分の会社にお金をつぎ込みたいのなら、O．P．M．（他人の資金）を利用することをおすすめします。会社のためにいくらかかるかわかりませんし、遅かれ早かれ必要になりますから、ローンを組んでできるだけ多くのお金を借ります。

これは、消費者信用で書いたことの逆になります。再度強調しますが、消費者信用は絶対に避けましょう。それに対し、**会社の設立や増設には他からの資金を使います。**なぜならポジティブな効果があるからです。

投資資本の増額は売り上げを増やします。会社の価値も上がります。同時に、インフレーションなら返金する金額が下がります。もし、よい投資に使われたローンが年に12％売り上げを増やせば、6年後には売り上げは倍になります。この間に「本当の」インフレーションで返す月額が年に5％下がれば、割引現在価値は資本を借りたときから7年で69・8％です。

この理由から、自営業者には自分のお金で自分の会社に投資しないことをすすめます。個人資産は、O．P．M．に担保として使用できます。定期的に、お金を自分の会社から抜いて他資本でお金のやりくりをしましょう。

収入を診断し、対処法を考える（収入の項目分け）

スポーツ選手が成果を上げようと思ったら、たとえば、速さ、コンディション、ジャンプ力、筋肉量、柔軟性、スタイル、テクニックなど、それぞれの成果項目をあぶり出します。それから、それぞれの項目ごとに分析し、トレーニングのプログラムをつくります。同じように、あなたの収入をまず「診断」し、「対処法」を考えましょう。

次の文章を読み、「1点　不足」～「10点　十分」までで評価してください。

◉クオリティー

あなたは自分の専門分野で、どの程度の専門度を持っていますか？

あなたはエキスパートですか？

専門知識を多く持っていますか？

知識や質を高めるために、メンターやエキスパートのネットワークを持っていますか？

自分の専門知識を増やすために、何か勉強していますか？

成功の秘訣を知って使っていますか？

マネージャーの素質はありますか？

自分の専門分野の大御所に比べて、あなたの質はどれくらいですか？

自己判定　　　　　　点（満点＝10点）

◉**エネルギー**

仕事での出世のために、どれくらいエネルギーを費やしましたか？

どれくらいのエネルギーを持っていますか？

普段のエネルギーレベルはどれくらいですか？

何かにエネルギーを集中させることはできますか？

今していることに対する情熱と意欲はどの程度でしょう？

自分の仕事が好きですか？

長期的にエネルギーを蓄えるために、仕事以外に健康、スポーツ、家族、成長するために学ぶなどの時間をとっていますか？

自己判定　　　　　　点（満点＝10点）

◉**知名度**

この質問は、100点満点で判定してください。

知名度は収入を高めるためにとても重要だと知っていますか？

あなたの製品やサービスは、どのくらい知られていますか？

知名度は最も重要な乗数です。ボリス・ベッカー（ドイツテニス界黄金時代を築いたスター選手）は選手として優れていて、エネルギーも大量に使ってお金を儲けました。しかし、一番稼げた理由は、何百万もの人が彼を知っていたことです。

知識、技能、良い製品は世の中にたくさんあります。お金が儲けられるかどうかは、何人がそれを知っているかにかかっています。

自己判定　＿＿＿＿＿点（満点＝１００点）

◉自尊心

知名度が、現実をつくり上げることは、わかっていただけたと思います。

自分の売り込みは上手ですか？

信頼を呼び起こすような態度がとれていますか？

自尊心の高さはどれくらいですか？

自分が優れていて、他の人とは違うと自覚していますか？

自己主張できますか？

他の人からエキスパートと見られていますか？

「あなたのためなら無償で手伝います」と言ってくれる人がいますか？

他の人は、あなたを知っていると得をすると思っていますか？

自分のポジションを位置付けられますか？

自己判定　　　　　　点（満点＝10点）

◉アイデア

あなたはクリエイティブですか？

新しいことに好奇心を持つほうですか？

目的に忠実で、同時にそこにたどり着くために新たな道を試すことにオープンですか？

柔軟ですか？

アイデアがあればすぐ書き留めますか？

自分のアイデアを信じて実現しようと思いますか？

あなたのアイデアバンクは、どれくらいいっぱいになっていますか？

「これは自分にとってどうか？」「すぐに行動するにはどうしよう？」と、常に考えていますか？

どこかに、自分の必要な情報と解決法が必ずあるはずと思いますか？

その情報に到達するには、常に新しいアイデアを考え出すことが必要だと思っていますか？

自己判定　＿＿＿＿点（満点＝10点）

合計点を計算してみましょう。すべての点数をかけて2で割ってください。最高点は50万点です【(10×10×100×10×10）÷2】。

そして、100点＝1万円と考えることで、妥当な月収が明確になります。

たとえば、クオリティーが5点、エネルギーが10点、知名度が3点、自尊心が6点でアイデアが6点だったとします。合計点は2700点＝月収27万円です。もし、知名度が30点に上がれば月収270万円ということになります。

あなたの合計点　＿＿＿＿点　　あなたの月収＿＿＿＿万円

質問に答えて得点を計算すると、自分がどの項目に力を入れるべきか、気づくことができます。次に、考える助けになることをいくつか挙げますが、これを実行するのはあなたの役割です。

それぞれの項目を改善するには

◉クオリティー

質問を読んだ時点で、いくつかヒントが得られたと思います。専門書や雑誌を読みましょう。他の国の状況を見てみましょう。もし、英語がうまくなければ勉強しましょう。勉強しなくてはならないのは、専門分野だけではありません。自分を成長させ、成功を呼び寄せるような人格もつくりましょう。

エキスパートとしてのクオリティーと、人格のクオリティーの両方に大きな影響を与えるのは、環境です。良い人たちに囲まれていれば、自分も良い人間になります。やる気のない人に囲まれていると、あなたの人生は停滞してしまいます。

赤ん坊は、無意識に周りの人を見て、真似て、学びます。大人になってからも同じように学ぶのが一番です。真似られる人を周りに置きましょう。

私は、様々な分野の自分より成功している人と、毎月少なくともひとりは知り合うようにしています。

これから72時間以内に、エキスパートと個性のクオリティーを上げるために何ができるか書いてみましょう。

◉エネルギー

自己破壊的な生活を送っていては、当然、自分のエネルギーを下げてしまいます。朝、目が覚めても、病気でベッドから出られなければ、世界の富を手に入れることはできません。健康に暮らしていれば、エネルギーを消費すればするほど、エネルギーがわいてくると気づくでしょう。

エネルギーとは、生命力です。エネルギーは偶然の賜物《たまもの》ではありません。**収入を増やすために、ど**

うすれば大きなエネルギーを感じられるようになるかを考えてみましょう。具体的に書いてください。

◉知名度

自分の名前と販売する製品・サービスの知名度を上げるために、最大の努力をしましょう。新聞に記事を書く、テレビのトーク番組に出演する、いい広告代理店と契約する……など。そして、セールスレターを書きましょう。

近所の業者とのコラボレーション企画を立てましょう。イベントを開いて、将来の顧客や共同プランのパートナーになりそうな人を招待しましょう。

今までどれくらいの時間をかけて何をしたかにかかわらず、自分と製品・サービスの知名度を上げるためにマーケティング活動をしましょう。自分に注目を集めるように全力を尽くしてください。

専門家やいい情報は、いたる所で見つけられます。あなたの人間力があったり、商品・サービスが良いだけでは足りません。他の人がそれを知らなければ意味がないからです。

自分自身や商品・サービスを世間に知らせるのは、あなたの役目です。**知名度を上げるために何ができるか書いてみてください。**

◉自尊心

多くの人は、収入を現在の2倍程度に高めることしか想像できません。それ以上稼ぐのは不可能であり、落ち着かないと思ってしまいます。これは自尊心の問題です。自尊心を高め、収入も増やしましょう。

自尊心を高めるには、売り込みがうまいかどうかも重要になります。セールスの経験がない人はセールスの専門書を読み、1年間は何かを販売する経験をすることをおすすめします。たとえ商売が小さくても、多くのことを得られるからです。もしかすると、セールスの仕事がとても気に入るかもしれません。いずれにせよ、自分を売り込む練習になります。

自尊心を高め、自分の売り込みをうまくするために何ができるでしょうか？

◉アイデア

アイデアが浮かぶのは、車の運転中、散歩中、スポーツ中、半睡眠中です。浮かんだことをすぐ記録するために、メモ帳やボイスレコーダーを持ちましょう。そうしないと、アイデアは記憶から消えてしまいます。

私はアイデアジャーナルをつけており、思い浮かんだアイデアを集めています。大半のアイデアは実現させませんが、それでも自分のアイデアバンクはいっぱいの状態です。

ナポレオン・ヒルはこう言っています。

「どんな会社の大きな成功も、始まりはアイデアから」

もしアイデアが良ければ、お金はどこかから流れ込んできます。たったひとつのアイデアに、億の価値があることもあり得るのです。

アイデアをたくさん思いつくために、何ができますか？　書き出してください。

上司や会社、経済市場が、いい加減にあなたの収入を決めているわけではないとわかっていただけたでしょうか？

収入を上げるために、計算式のどの項目が自分の一番の弱点か吟味して、その対処法を考えましょう。自分の長所が、可能性を広げるテコになることも忘れないでください。

すべての項目を継続的に改善していけば、1年以内に収入が20％、いや、それ以上に上がるはずです。

一度、ひとつの分野で稼げれば、ほかの分野でも稼げる

パワーを持つためにはエネルギーを一点に集め、分散させないようにしましょう。一方で、他にも稼ぐチャンスがあることもあり得ます。

このジレンマを解くために、簡単な方法があります。**自分で決定した収入に達するまでは、ひとつのことに集中する**のです。数字は高く設定して結構です。難問から逃れるために、他のことに目を向けるのは得策ではありません。

一度お金の儲け方を覚えたら、他の分野でもうまくいくものです。お金儲けの能力が高まれば、チャンスを見つけることは難しくありません。

ひとつ小テストをしてみましょう。今いる部屋の中を見渡してください。赤いものを10個見つけて

ください。見つけたら、すぐに目を閉じてください。そして、部屋にある青いものを6個挙げてください。意外と挙げられないのではないでしょうか。

人間は「集中している対象しか見えなくなる」仕組みを持っています。収入を増やすチャンスは、今の生活、行動圏外にあるかもしれません。

お金を生む4つの価値

基本的にお金は、私たちが経済市場にもたらす価値に対して支払われます。価値は次の4つです。

- **製品**
- **知識**
- **サービス**
- **アイデア**

この4つのどれで、あなたはお金を稼ぐことができますか？　知識を市場でお金に換えるには？　どんな製品を売れますか？　アイデアをお金にするには？

収入とは、自分に入ってくるすべてのお金です。今持っているもので、市場で売れるものはありませんか？　一度、しっかり考えてみてください。

お金の要請

あなたはお金をもらわなくても、何かをささげられますか？

お金を要求できるかどうかは、自尊心のレベルによります。もし、何かの価値を与えたら、それに対してお金をもらうのは当然のことです。自分の行ないをどう評価するかは、自分をどのように評価しているかによります。あなたが何かの専門家で、高い価値を無償で提供しているのなら、自尊心が欠けている証拠です。本物の専門家は、自分の価値を知っています。

あなたは自分の人生のクオリティーに責任があります。ですから、代価をもらうのは義務です。少なくとも、経済的自由を手に入れるまでは、見合ったお金を請求してください。

収入のための行動に集中する

自分の収入をつくるための行動にのみ時間を使いましょう。

自分の専門分野で、収入をもたらす行為は何か、正確に書き出してください。多くの人は、自分に与えられた仕事をこなすことはできます。しかし、収入をもたらす行動のみをする規律を持った人は稀です。

収入を得るための行為は、満足感を与えてくれます。与えられた仕事は簡単に片づけることができるでしょう。しかし、収入を高めるのなら、あなたにしかできないことをやることが大切です。**ここでも重要なのは、できるだけ早くということです。**やれることが見つかったら、待つのではなく、素早く行動しましょう。

他の人ができることは任せ、その分、収入を増やすための行為をしてください。時間は、自分のポジションの確立、影響力を強めるために使います。あなたを助けてくれた人に払う以上のお金を稼ぎ出せば、それで勘定は合うのです。

多くの会社は、代えがきかない人材に支払いができるように、まず成長しようと試みます。

一番の正解は、あなた自身が必要な人材をできるだけ早く集めることです。自分以外の人でもできることは何だろう？　誰にやってもらおう？　と自問してください。

「必要なもの」と「心から希望するもの」を混同してはいけない

「富とは何か」がわかっていない人はたくさんいます。「たくさんお金を儲ける＝富」ではありません。通常、収入が増えれば生活水準は上がり、手に入れなければならない「必要なもの」が増えます。不思議なことに、必要なものは稼ぎが多くなるにしたがって増えます。

「必要なもの」と「心から希望するもの」を混同してはいけません。

古代バビロニア人は、こう言っています。

「必要な支出は、常に増えていきます。その人の収入の限度まで」

働かなくても自己資本で生きていけるようになって、初めて裕福と言えます。お金は、あなたのために働いてくれます。自分が稼いで裕福になるのではなく、自分が保有するお金で裕福になるのです。これについては、次の章でお話しします。

あきらめないこと

自己資産が十分にでき、利子で生活ができるようになるまでは、収入を増やすことをやめてはいけません。

もちろん休憩はとらなければなりません。私は自分で決めた目的の中間目的に達したら、自分にご褒美の休みを与えます。週に6日働き、1日は休みます。

年に4回は休暇旅行、そのうちの1回は3週間の期間をとることにしています。多くの人は、休みをとることで、目的達成率が高まります。集中力が高まりますし、エネルギーも十分な状態になるからです。

同時に、休暇は色々なことに利用しています。年に約150冊の本を読みますが、そのうちの50冊は休暇中に読んでいます。クリスマス休暇には、1年を振り返り、来年の計画を立てます。それぞれのカテゴリーの目的を決め、なぜそれに到達したいかを書き留めます。

失敗から何を学べたか、をジャーナルに書くのも休暇中です。これで、失敗はすべて学びとなり、二度と同じことを繰り返さないようになります。

休暇は日々の仕事から離れて、家族や自分のために使います。家に帰ってくると、自分が「何を、なんのために」やっているのか再認識できます。目標そのものに集中できるようになるのです。ここまでお話ししたことが、年に4回の休暇をとると生産的になれる理由です。

バーンアウトするまで働かずに、休みをとりましょう。しかし、経済的自由に到達する歩みを止めてはいけません。一度止まってしまった機関車を、再度始動させるのは大変です。

フルスピードの機関車を止めるのも非常に大変です。フルスピードで走り続けるのではなく、なおかつ、利子で生活できるようになるまでは停止もしないように心がけましょう。

そうすれば、働かなくても生活できる、裕福な状態が手に入ります。働かなくてすめば、自分が興味のあることだけをすればいいのです。楽しいと思うことだけできる状態になれば、新しい人生が始まります。

ボード・シェーファーからのマネーアドバイス

- 誰もが自分に見合ったものを手に入れる。自分の収入は自分で決める
- 必要だから稼ぎが増えるわけではなく、お金をもらう価値があるから増える。自分の権利ではなく義務を考える
- 他人が期待する以上に頑張り、期待以上の成果で周りを驚かすこと。すべてを全力で行なう
- 義務を負うことで代えがきかない人材になる。仕事や責任を振り分けられる人材は必要不可欠な存在となる
- 収入を増やしたい人は問題のリストを求める
- 皆と同じことをしていては、砂漠の砂ほどの価値しか生めない。唯一無二の人になる
- 隙間ビジネスを探す
- 自尊心と収入は並行して高まる
- 収入構成の内訳は、クオリティー、エネルギー、知名度、自分の価値（売り込み）、アイデア
- 自分（製品）の知名度を上げることと、マーケティングに時間をかける

収入を増やすための行動に集中する。自分でやらなければならないのか、他の人でもできることか考える

第8章

貯蓄

自分への支払い

「お金を使うことも節約することもできる人は最も幸せな人です。なぜなら両方とも楽しめますから」

サミュエル・ジョンソン（『英語辞典』の編集で知られる18世紀イギリスの文学者）

ある日、貧乏な農民が納屋に行くと、ガチョウの巣に金の卵がありました。「誰かが悪ふざけをしたに違いない」と思ったのですが、念のため卵を金細工師に持っていきました。卵を見た金細工師は、「100%金だね。純金だよ」と言いました。農民は卵を売って大金を持って家に帰り、その夜お祝いをしました。

次の朝、家族全員が早起きして、ガチョウが卵を産んでいないか見に行くと、また金の卵がありました。それからも毎朝金の卵があり、それを売った農民は大金持ちになりました。

農民は貪欲でした。なぜ、ガチョウは卵を1個しか産まないのか、と考えたのです。それに、どうやって金の卵ができるかわかれば、自分でつくれるのではないかと思いました。

しかし、答えは見つかりません。ある日、不満がたまった農民は、納屋に行ってナイフでガチョウを真っ二つに切りました。

この話の教訓は、金の卵を産むガチョウを殺してはいけない！　です。**ガチョウは資本、金の卵は利子**です。資本がなければ利子は生まれません。

ほとんどの人は、似たようなことをしています。多くの人は、自分の持っているお金をすべて使ってしまいます。これでは、ガチョウを育てることはできません。金の卵を産む前のガチョウを殺してしまっているようなものです。

ガチョウのようなマネーマシンを持つまでは、いかにたくさんのお金を儲けても、自分自身がマネーマシンです。稼ぐより出費を少なくするというのは、あまり心が躍る話ではありません。でも、節約するのは「楽しくて意義がある」とわかっていただきたいと思います。

貯蓄できない人の4つの特徴

ほとんどの人が貯蓄をしないのは、次の4つの理由からです。

1　今貯蓄しなくても、将来たくさん稼げばいい

2　今が楽しければいい。貯蓄は大変だし制限される

3　貯蓄は重要ではないし、この思い込みは変えられない

4　貯蓄しても意味がない（利子は低いし、インフレーションもある）

貯蓄には、メリットがいくつもあります。

1　収入ではなく貯蓄で、本物のお金持ちになれる

2　貯蓄は楽しいし、誰にでもできる

3　貯蓄に関する信念はいつでも変えられる

4　億万長者になる第一歩は貯蓄。それを元に10年間で平均12％のリターンを入手できることもある。インフレーションはその助けになる

信じられませんか？　それぞれの点を、少し詳しく見ていきましょう。

貯蓄は収入が低い時期こそ簡単にできる

自分の収入だけで裕福になれる人はいません。富は持っている資金から生まれます。「たくさん稼げばすべてが良くなる」と思い込んでいる人は多くいますが、収入が増えれば生活水準が上がり、持っているお金に見合って出費が増えます。さらに言うと、「貯蓄しない人が持つことになるのは負債だけ」というのが事実です。

最初のコーチはとても成功した人で、私は好感を持ち、尊敬しています。私をコーチしてくれると決まったときには、とても感動しました。彼のアドバイスは、「収入の50％を貯蓄すること」でした。それは不可能だと私は思いました。「必要な出費があり、貯蓄の余地ない」と反論しました。

それに私は楽観主義者です。たくさん稼げるようになれば、すべてどうにかなるだろうと思ったのです。もちろんこれは、全く正しくありませんでした。自分が変わらなければ、物事が良い方向に変わることはありません。

お金の扱い方を変えない限り、富が転がり込んでくることはありません。「お金の扱いを適当にして、将来たくさん稼いだら正しく扱えばいい」と思うのでは、責任を先延ばししているだけです。

どれだけ稼いでも、経済状態は変わりません。月に250万円以上稼いでいるのに、負債しかない人に何百人も会ってきました。なぜ、収入は経済状況を変えてくれないのでしょうか。なぜなら、収入が増えてもパーセントと自分自身の2つの事実が変わらないからです。もし、今稼いでいる金額が支出に足りなければ、倍の収入があっても割合が変わらないので、出費には足りません。

もし、今の収入が10万円で、10％貯蓄すれば、1万円貯蓄することになります。120万円稼ぐ人が10％貯蓄すれば、12万円貯蓄することになります。収入が多いほど、パーセントの重みが増し、金額が増えて、貯蓄が難しくなります。

ですから、今から始めましょう。経済状況がいくら厳しくても、今ほど貯蓄が簡単なときは二度ときません。収入が少ないほど、貯蓄も楽だからです。**手取りの10％の貯蓄を今すぐに始めましょう。**

もし、両親と実家に住んでいるなら、今始めるのがベストです。支出が一番少ない時期だからです。もし出費があるとしても、実家から出た後の支出割合とは比べ物にならないくらい少額です。できる限り、実家にいる間に貯蓄しましょう。

経済的な習慣は収入が増えても変わらない

お金に対する基本的な態度は、自然に変わることはありません。「これが必要だ」という考えが、貯蓄を難しくします。

先に述べたように、必要出費と希望出費を勘違いしてはいけません。必要経費と思っている金額は、収入額に応じて増えます。

不必要な出費の一番の言い訳は**「これが必要。どうしても」**です。本当に必要なものはあまりありません。「どうしても」というのは、自分に対する言い訳です。経済的状況を良くするためには、自分自身を改善しなくてはなりません。

富豪は皆、倹約時期を過ごしていた

サー・ジョン・テンプルトンは19歳のときに、夫人と一緒に月収の50%を貯蓄し始めました。もらえるコミッションが少なかった月は、辛かったそうです。

彼は、世界で最も賢明で高く評価された投資家のひとりで、億万長者です。振り返ってみると、稼ぎが少なく、50%の貯蓄が難しかった頃が、富を手にする決定的な時期になったと言っています。

ウォーレン・バフェットは、アメリカで一番の資産家です。彼の資産はフォーブスで、1993年に170億ドルだと推定されています。どうやって、これほど裕福になったのでしょうか？　彼のお金を増やす法則は、貯蓄と投資。貯蓄し、投資する、貯蓄し、投資する、をくり返したのです。

彼は小さいころから新聞配達などの仕事をして、1ドルもムダにせず貯金をしました。お金は出費するためのものとは考えず、ほとんど何も買いませんでした。お金が生む将来の価値にしか、興味がなかったのです。

もちろん車も買いませんでした。購入に1万ドルかかるからではなく、「20年後にこの1万ドルはどれくらいの価値にできるか」と考えるから、お金を使わないのです。

これから挙げる起業家に共通することはなんだと思いますか？

ヴェルナー・フォン・ジーメンス、ロバート・ボッシュ、フェルディナント・ポルシェ、ゴットリープ・ダイムラー、アダム・オペル、カール・ベンツ、フリッツ・ヘンケル、ハインツ・ニクスドルフ、ヨハン・ヤコブス、ハインリヒ・ネッスル、ルドルフ・カールシュタット、ヨゼフ・ネッカーマン、ラインハルト・マンネスマン、フリードリヒ・クルップ、アルディ兄弟。

彼らは皆、**とてもとても倹約家**でした。支出は収入より少なく、賢く投資しました。節約のみで裕福になれたわけではありませんが、お金を増やすための大前提であることは間違いありません。節約をしない起業家は成功できないのです。

起業家と倒産

何度も破産をしている企業について聞いたことがありますか？　しかしこの起業家には消費者信用の負債があるわけでもなく、つつましい生活を送る倹約家です。破産は、逆境や投資がうまくいかなかったのが理由です。

貯蓄とそれ以外の起業家の才能で災難を乗り切れます。最低限の耐乏生活を何年も送り、自分のためにはほとんど出費しません。

時に、「こんな生活は私にはできない。できないし、したくもない！」と周りの人から言われるほど、節約が極端すぎることもあります。しかし、成功している人は、していない人の大半が嫌がることも厭《いと》いません。

「誰もが何者かでありたいと思っているが、何者かになりたいとは思わない」

ゲーテ（『若きウェルテルの悩み』『ファウスト』の著者として知られるドイツを代表する文豪）の言葉です。

偉大な起業家は、誰でも裕福になりたいと思っています。この目的のために、すべてを費やしています。ですから、お金がないときに裕福であるかのように振る舞う必要がないのです。他者からのイメージがどうであろうとも、何者かになりたいと思い、貯蓄をしています。

もしかすると、「私は例外。100%出費して、それでも裕福になれる」という人もいるかもしれませんし、私もその可能性が絶対にありえないとは言いません。たまには、説明不可能な信じがたい現象も起きるからです。

しかし、統計的にはムダに出費しないほうが、裕福になれるとわかっています。裕福になるためには、「節約は難しくない」と信念を変えるほうがいいでしょう。

自分にお金を支払っているか

人生を楽しみたいのに、節約をしなくてはいけない……。これまで何度か試して、うまくいかなかったやり方を再度やっても、うまくいきません。

大半の人は、節約のやり方を間違えて、貯蓄を難しくしてしまっています。何かを節約し、出費を制限しようとしますが、それでもお金が残らないことがあります。思いがけない修理費や、忘れていた出費の請求書が届くこともあります。

この状態を、視点を変えて見てみましょう。これは、**他人にはお金を支払っていますが、自分には支払っていない状況**です。パンや肉を買ってパン屋と肉屋にお金を支払い、ローンがあれば利息を銀行に支払い、髪の毛を切ってもらえば美容室に支払っています。

自分には、お金を一銭も支払っていません。

10%で金のガチョウを育てる

今すぐに、自分に支払いを始めましょう。私の提案は、**月収額の10%を月給として自分に支払い、貯蓄用の口座に払い込む**ことです。この10%が富につながります。残りの90%を他に支払いましょう。**90%の金額の支出でも、100%お金を使っていたときと同じような生活ができると気づくでしょう。**支出が10%少ないことに気づかないほどです。試すまでは信じられないかもしれませんが、試してみればすぐにわかります。一度、試すまでは「できない」と言わないでください！

今持っている貯金や生命保険は、この10%の勘定に入れないでください。保険はほとんどの人にとって老後の生活に不可欠です。貯蓄は、中期的な投資や生活品（車、家具、旅行など）のために使いましょう。

この10%は、金の卵を産むガチョウを「育てる」ために使うのみで、他に使ってはいけません。つまり、資産をつくるために貯めるということです。この10％が裕福になるカギです。

くり返しますが、90％の金額しか使えなくても、100％使っていたときと同じように生活できます。私が主催するセミナーの参加者にも、最初は信じてもらえませんでした。

しかし、試した後は「信じられなかったけど、本当にできますね。今では10％のお金の存在を忘れてしまっているくらいです。将来の富につながる10％が貯まっていくのは安心感があります」という感想をもらっています。

〈パワーヒント〉貯蓄を始める人に知っておいてほしいこと

- 自分にお金を支払いましょう。月収の10%を預金口座に振り込みましょう。
- ガチョウ口座をつくりましょう。自分の普通口座から毎月自動振り込みを設定し、毎月1日に月収の10%を払い込む
- この預金口座からは出費しない
- ここからの支出はこの本で学ぶ法則に従う
- ガチョウ口座の金額が増えると生活が楽しくなり自尊心が高まる
- ガチョウ口座は簡単かつ意義多く、規律正しい性格になるのを助けてくれる

貯蓄額を一気に2倍にする方法

今まで、給与がアップしたことがあると思います。初任給でも生活は可能だったことを思い出してください。収入が上がるに従って生活水準は上がっています。

これを避けるためのポイントは、給料がアップしたらアップした額の50％をガチョウ口座に払い込むことです。今までの収入でも暮らしていけたのですから、この50％が使えなくても、問題なく50％の収入アップ額で生活が賄《まかな》えるはずです。

もし30万円の手取りがあれば、月の初めに10％の３万円をガチョウ口座に振り込みます。

もし６万円の給与アップがあれば、そのうちの50％である３万円をガチョウ口座に振り込めば、月に６万円払い込むことになり、貯蓄額が一挙に倍に増えます。

貯蓄に失敗する理由

貯蓄に失敗するのは、２つの決定的な理由によります。

ます、**頑張りすぎの計画を立てる**からです。ですから、月給の10％だけ貯蓄するのをおすすめしています。10％なら気になりませんが、15～20％だとかなりの負担があります。ただし、貯蓄する習慣をすでに持っている人は20％でもよいでしょう。

次に、**残った額を貯金しようと考える**からです。しかし、残る額はたいていの場合、あまり多くありません。ですから、月初に定額を貯めるようにしましょう。

〈パワーヒント〉貯蓄額を無理なく増やしていこう！

月給がアップしたら、手取りアップ額の50％をガチョウ口座に振り込みましょう。

- 給料アップごとにガチョウ口座の入金額が増える
- 自分がなんのために働いているのか実感でき、潜在意識にお金の扱いがうまいと見せられる
- 給料アップごとに最終目的、資産形成に近づく
- 自営業者は企業と被雇用者の両方を兼ねている。自分にも時々給与アップをする
- ガチョウ口座のアップ額の50％は、まだ新しい収入額に慣れていないので、なくても苦しくない

貯蓄体質になるための金言

節約に対して、有意義な信念を持っている人はそう多くはありません。たとえば、次のような信念の人が多いのです。

- **節約するには、根性が足りない**
- **節約の才能がない。節約は、つまらない人がすること**
- **今を楽しみたいから節約はしたくない**

第5章でお話しした方法で、このような信念は有意義な信念に変えられます。次の文章を、信念を変える助けにしてください。

- **すべて食べてしまった農民は蒔《ま》く種がない**
- **節約をしない人は、全くビジネス感覚がなく、ナイーブな証拠。お金をうまく扱えると証明できない人は信用できない**
- **楽しいことに出費するエネルギーを惜しまない人は、よほど強固な経済基盤を持っていなくてはならない**
- **これからの時間は将来に向けて使う。そのためには、将来像をはっきりさせねばならない。節約するのはそのためと自覚する**

貯蓄は裕福への第一歩

この章の冒頭でお話ししましたが、貯蓄をすれば長期的なリターンを12％は見込めます。また、インフレーションはその助けになります。しかし、年に5％の利益でも怪しむ人が多いのですから、これに同意される人はあまり多くないと思います。

5％は実際のインフレーション率と釣り合います。もし2～4・5％の利子をもらっていたのでは貯金をしてもマイナスで、資産価値が下がったことになってしまいます。この状態では、お金を預ける意味がないと考えるのは無理もないと思います。

投資においても基本は同じで、皆と同じことをしていたのでは、たいしたものは手に入りません。通常のリターンで満足してはいけません。次の章で、投資についての基本知識を学んでください。

複利の仕組みを理解している人ほど資産を増やせる

複利について説明します。現実的ではないかもしれませんが、まず例を挙げます。

もし、1000万円相続したとします。利回り7％で30年間投資したとすると、30年後には7612万2000円になります。しかし、もし年に16％の利回りで投資していたら、8億5849万8000円です。

次の例です。

1000万円をそれぞれ2000万円ごとに、5つに分けて30年間投資したとします。ひとつ目は200万円をまるきり損、2つ目は利益なし、3つ目は7%、4つ目は12%、5つ目は16%のリターンがあったとします。

5つ目の投資だけで1億7000万円になります。ひとつ目と2つ目の投資がうまくいかなかったにもかかわらず、合計額は約2億5000万円です。

ここで気になるのは、どうすれば年に12%のリターンが出せるか？　そして、どうすればすべてを失うリスクを避ける一方で、大当たりのチャンスを得ることができるか？　ということでしょう。

後に、3つの経済プランを説明いたします。貯蓄が富につながるとわかっていただけることでしょう。

子供には自分で払わせる

子供はいつから貯蓄を始めるべきでしょうか？　それは、初めておこづかいをもらったときです。自分の買い物は自分で払う、という概念をできるだけ早くから教えましょう。自分の子供に、貯蓄と裕福になるための信念を説明しましょう。

知り合いは私の助言に従うことにし、8歳の娘に1000円のおこづかいをあげたときに、とても重要なことを説明すると言い、車に乗せて貧しい人々が住んでいる地区に行きました。見渡す限りのグレーです。緑はなく、汚れたコンクリートだらけだからです。

彼は娘に、「ここに住みたいか？　それとも、今の家が建っている地区に住みたいか？」と聞きました。

これから10～15年は今の家に住むだろうけど、その後の生活はこのような汚い所に住むか、きれいな所に住むか、自分の責任だと説明しました。

彼は半日かけて、倹約と、自分で払うという概念について説明しました。隣の汚い地区で車から降りて歩き、さびれたレストランでお昼ご飯を食べました。娘の気分が落ち着かなくなってきたタイミングで、「ここに住んでいる人はおこづかいの１０００円を全部使ってしまった人なんだよ」と言ったのです。

家に帰ってから2人で貯蓄プランを立てました。娘は１０００円のうち５００円を貯金し、父親は娘が１００円貯蓄するごとに５０００円（月に2万５０００円）を**娘のために投資することにしました。**

このプランを7年間続けて、7年後には父親の月2万５０００円はやめることにします。それでも娘は、32歳になる前に２０００万円保持することになります。父親の投資はわずか２１０万円です。

重要なのは、娘が小さいころからお金についての概念を学んだことです。将来、金銭的に父親の助けが必要になることはないでしょう。

自分が毎月50％貯蓄していたら、どれほどの資産を今持っているか考えてみてください。

自分の子供にただお金を渡すのは、無責任な行動です。お金と富の概念を説明するには時間が少し必要です。その引き換えに、子供たちは多くの人が遭遇しないチャンスを手に入れられます。「お金は善いものである」という、正当なイメージを持つことができるようになるのです。

お金は、足りなくなってはじめて重要な意義を持ちます。もし、自分の子供に、「裕福さは自然なこと」だと認識させることができれば色々役に立つはずです。

ボード・シェーファーからのマネーアドバイス

- 利子で生きていけるほどのお金があってはじめて、裕福で自立しているといえます。
- マネーマシンを持つまでは、いくら稼いでも自分がマネーマシン
- 収入ではなく貯蓄が富につながる。富は所持しているお金から生まれる
- 収入が増えれば出費も増える。現在、お金をうまく扱えていないなら、
- 収入が増えたらさらにうまく扱えない
- 収入が少ないうちに貯蓄を始めるほうが簡単。収入が増えればパーセントが同じでも貯蓄額が増えて難しい
- 本当に必要なものはそれほどない。節約できないのは自分への言い訳
- 倹約家でない起業家はいない
- 10、15、20年後に今のお金がどれほどの価値を持つか考える
- 成功している人は普通の人が拒否するようなことでもできる
- 今の出費の90％のお金でも、100％のときと同じように生活できる
- 生活水準は収入の上下に並行して動く
- 節約に対する信念はいつでも変えられる

- 貯蓄が大変に思えても、貯蓄しなかったら将来はもっと大変
- 皆がしているようにしたら、受け取る金額も皆と同じ
- お金は、ないときに人生に大きな意義を持つ
- 自分の子供に貯蓄について説明すること

第9章

複利の奇跡

莫大な富を築く秘密

「金は資本の法則を知り、それを守る人に予約されている」

ジョージ・S・クレイソン（世界的名著『The Richest Man in Babylon』より）

月	1	2	3	4	5	6	7	8	9
円	5	10	20	40	80	160	320	640	1280
月	10	11	12	13	14	15	16	17	18
円	2560	5120	10240	20480	40960	81920	163840	327680	655360

お金を増やす人は裕福になり、お金を増やす法則を無視する人は損失を出します。実に簡単なことです。

複利の奇跡を知れば、経済的自由を手にするために**利用しないのは馬鹿げているる**とわかっていただけるでしょう。貧乏は美徳ではなく、ただ目を閉じているのと同じなのです。

まず初めに、幾何学《きかがく》的増加の例をご紹介します。

お金は複利で勝手に幾何学的に増えていく

最初の月に貯蓄口座に5円預けるとします。2カ月目には2倍の10円、3カ月目には20円……と倍の額を預けます。同時に新たな収入の道を探し始めます。

この期間、利子を使って、新たな収入源を見つけることにします。16カ月で16万3840円、17カ月で32万7680円、18カ月目には65万5360円を預けます。上の表が結果です。

背伸びをしながら、成長してください。クリエイティブに頑張れば、実りがあります。1年半後には、131万720円を入手できます。

このうち30万円を自分へのご褒美にして、残りの100万円を投資すれば（12%の利子があるとして）、20年後には1000万円保持することが可能です。

〈パワーヒント〉複利を利用しないのは馬鹿げている！

18カ月間、貯蓄口座に毎月倍額を預けていきましょう。

- 新たな収入源を探すことを学ぶ
- 新たな収入を探す時間が十分できる
- 稼ぐのに慣れる
- 自尊心が鍛えられ、次のチャレンジに立ち向かえる
- 今までの収入源から自立できる
- もしそのお金を投資すれば十分な資産の基が築ける

「時間」「利回り」「掛金」が収益を決定する

複利でお金を増やすには、「時間」「利回り」「掛金」の3つの要因が重要です。

ここでは、12％の利回りということで、お話しさせていただきます。1948年以降、株の儲けは年に11％ほどです。良いファンドはもっと高いです。ドイツではこのような数字は不可能と見なされることが多いため、利回りと投資については、第10章と11章で納得できるように解説しています。

◉時間

できるだけ早く、貯蓄を始めることの意義はすでに述べました。

例を挙げます。30歳から月に2万円貯蓄するとします。12％の利子が付けば65歳で約1億2860万円になります。これは35年間、お金に仕事をさせたことによります。

45歳から始めると20年しか時間がないことになります。同じく12％の利子が付くとして、1億2860万円手に入れたければ、2万円の6倍の12万円の月額が必要です。

もし55歳で始めると、10年しか時間がないことになります。1億2860万円を手に入れたければ、月額50万円の貯蓄が必要です。

1億2860万円にするためには、それぞれ、

・35年×月2万円

・**20年 × 月12万円**
・**10年 × 月50万円**

が必要です。

早く始めるほど、余裕を持って資産を形成できると忘れないでください。

自分の子供のために貯金をしましょう。もっといいのは、子供に貯金の重要さを教えることです。子供の誕生時から月に1万円ずつ貯蓄を始めれば、35歳では（利子12％とします）6430万9595円をつくることができます。

◉利回り

利回りも時間と同じく重要です。時間を経るとお金になります。多くの人が不信感を持つような高い利回りを想像してみましょう。

ドイツでは何千人もの人が、年平均12％以上の投資利益を上げています。一方で、ドイツでよくすすめられている利回りは、アメリカの主婦にも苦笑されるくらいです。ドイツ人のケチさと投資の下手さは世界的に有名です。

高い利回りがいかに重要か、数字を比べてみてみましょう。7、12、15、21％では桁違いの差が生まれます。35年間毎月1万円を投資したとします。年に7、12、15、21％で、どのような結果になるでしょう。

・**7％　1801万5546円**

・**12%　6430万9595円**
・**15%　1億4677万1802円**
・**21%　8億3391万1522円**

ここで見てわかっていただけるように、利回りが3倍でも最終金額は3倍ではありません。実際には……驚くほどの差になります！

資産が倍になる年数がわかる「72の法則」

経験則をお教えします。

72を年利で割ると、資産を倍にするのに必要な年数になります。

72÷年利（%）＝資産が倍になる

もし、12%年利の投資があり、100万円の資産を倍にするには何年かかるかというと、

72÷12＝6年

です。

12%の場合、6年毎に金額は倍になります。

5%であれば、72÷5＝14年です。

14年も待たねば倍にならないとすると、5％は魅力的ではない年利だと感じるでしょう。14年で倍になった金額はさらに倍になります。

100万円で始めたら、30年後には450万円にしかなりません。

12％なら、6年以内に倍になります。

12年後（さらに6年後）には、また倍になります。100万円は30年後には3000万円になります。もし、20％なら約2億4000万円です。

結論としては、お金を増やす上で、利回りはとても重要です。さらに、利回りについて理解を深めるために、第10章と11章を読んでください。資産を築く時間が少ない（もしくは時間をかけたくない）人ほど、よい利回りが必要です。

500万円つくる人、5000万円つくる人

ここまで来たら、次の2つの質問が思い浮かぶでしょう。

1　何度、お金を倍にしようか？（利回り）

2　どの金額を倍にしようか？（貯蓄）

いかによい利回りでも、0円が倍になるのでは意味がありません。

資産500万円は、それほど大きな額とは言えません。良い車が1台買える程度です。そういう意味では、500万円は目指すべき目標とは言えません。

しかし、もし（年利12％で）20年間お金を運用すれば、5000万円になります。だからこそ、賢い人は貯蓄をするのです。しっかり貯蓄できる人は500万円ではなく、5000万円が手に届くのです。

資本のない資本主義は経済的石器時代

資本主義になってはじめて、富裕や富の可能性が生まれました。何人もの百万長者や億万長者も、投資による増資という経済的前提がなければ存在しませんでした。資本主義になってはじめて、複利が重要な役割を果たすようになったのです。

資本投資は、投資家にとって利益を得られる、という長所があります。

さらに、起業家にとっても長所があります。O．P．M．（他人の資金）で会社の成長を早めることができるからです。近代の大きな会社は、皆このような借りた資金を基に成立したのです。

サム・ウォルトンを例にとりましょう。彼はアメリカの小さな街で、小さな店を買いました。必要なお金は義理の父から借りました。

店をディスカウントマーケットにし、自分の顧客に、他にもっと安く売っている店があれば即返金するという保証をしたのです。彼は最初の苦境があったときにあきらめず、さらに負債を負い、新たな店を買い足しました。

2つ目の非凡なアイデアは、競合他社が売り上げの見込みがあまりないと考えた小さな街に、ディスカウント店を開店したことです。

彼が国にもたらした利益は莫大でした。何千人もの人が職につき、何百万人もの人が安く買い物ができたからです。裕福になるのは善いことだと思いませんか？

彼はある期間、アメリカ一の富豪でした。それでも謙虚で、最初の家に住み続け、中古のぼろぼろのピックアップトラックに乗り続けました。彼にとって、お金を借りられたことは天の恵みでした。自分の夢をかなえられたのですから。

ここで1975年にサム・ウォルトンのウォルマートに出資した投資家がどうなったか見てみましょう。

1975年に900万円投資した人は、10年後に3億2000万円を得ました。もしそのまま1995年7月31日まで持っていれば、26億6300万円になっています。20年間で900万円を26億円にする、これが投資の複利の力です。この話は、ウォルマートの例のひとつに過ぎません。

資本主義は、文字通り資本の主義です。資本家になったり、投資をしなければ、資本主義に関係なく人生が過ぎていきます。そのような人は、経済的には石器時代に暮らしていると言っていいでしょう。

気に入るかどうかは別にして、今のシステムは様々な面で強い人を助け、弱い人はさらに弱くなる傾向にあります。

本来なら、たとえば我々の税金のシステムは、ある程度チャンスを平等化するために存在するべきです。しかし、実際は賢くて情報をたくさん保持している人に有利になっています。同様に資本主義もお金を扱える人に有利で、それ以外の人は不利です。

「お金は資本の法則を知り、それを守る人に予約されている」

古代バビロニア人はこう言いました。

裕福であれば、コンサルタントを雇い法律の隙間を突くことができます。通常は、ある程度の預金がある人が、よい利回りの投資を始めます。

投資を始めなければ、複利の力は使われることなく過ぎていきます。

なぜお金がお金を産むか

良いコンサルタントを雇うのは高くつきます。良い税理士を雇うのも大きなお金がかかります。それでも、ここにお金を使えば何倍ものお金を節約できます。良いコンサルタントを雇っている人は、投資で年に12〜30％を合法かつ、税抜きで増やすことができるのです。

あまり資本を持たず、稼ぐ知識もない人は、年に平均2〜7・5％しかお金を手にできません。そのわずかな稼ぎを、さらに税務署とインフレーションにも分け与えなければなりません。

これでは、あなたは生涯マネーマシンで終わってしまいます。そうならないためには、意識的に自分以外のマネーマシンをつくらねばなりません。

金の卵を産むガチョウを育てましょう。ガチョウがいかに早く育つかは、この章を読んでわかっていただけたと思います。でも、ガチョウはすぐに殺されてしまう所には寄りつきません。

欠けているのは、資本主義の教育

相対的に見れば、資本主義は多くの人の生活をより良くしてきました。貧乏な人でも、資本主義以外の経済システムで生活しているよりは、貧しくありません。

私たちの社会では、他人に利益をもたらす人が裕福になります。誰かが裕福になれば、職場、製品、サービスをつくり出します。人類は、今ほどたくさんのチャンスを持ったことはありません。これは、資本主義の効用です。

それでも資本主義は、人類を幸福にさせるには程遠く、すべての人に直接「恵み」をもたらすわけではありません。新たな階級社会をつくり出しています。

このような資本主義のダイナミズムを私は納得できません。「エリートの資本主義」を皆に利用できるようにするときが今きていると考えています。

株式投資、それに伴う企業関与が、利用のための重要なステップです。ファンドは比較的少ないリスクで様々な会社に投資ができます。

私たちに欠けているのは、資本主義を理解するための教育です。興味を持っている人たちのみではなく、教育として教える情報ポリシーが必要です。資本というエネルギーに支えられて、裕福な人生を世界中の人が享受できる教育が必要です。

本書はその目的で書かれています。あなたが個人的に裕福になっていただければ、この目的に近づけます。

複利を利用し資本主義社会で勝ち抜くために

- お金には責任の原則が適用される。お金を増やす人は裕福になり、お金を増やす法則を無視する人はお金がなくなる
- 複利の力を知っていながら、経済的自由獲得のためにそれを使わないのは無責任な行ない
- 複利に重要な3つの要素は時間、利回り、掛金
- 早く始めるほど余裕を持って行なえる
- 利回りが3倍なら数十倍のお金を入手できることもある
- 資本家になったり、投資をしなければ、資本主義に関係なく人生が過ぎていく
- 資本の法則を知り、それを守る人にお金は与えられる
- 資本主義は裕福な人をさらに裕福にし、その法則を無視する人を貧しくする
- 「エリートの資本主義」を利用する。あなたが個人的に裕福になることで、そのよい例となる

第10章

お金を育む必要性

「ドイツ人は世界的に節約の名人。
本当に利益をもたらしてくれる投資に関しては
ランクは非常に低い」

フランツ・ラフ　『Alles über Aktien』より

私のコーチは、聖書の話をするのが好きでした。私に何かを教えるときに、聖書の内容を利用しました。よく話してくれたのは、ファラオの夢の話です。

あるとき、ファラオは夢を見ました。心配になる、とても気になる夢です。

彼は7頭の太った牛が、ナイル川から上がってくるのを見ました。その後ろから7頭の醜《みにく》い牛が上がってきました。醜い牛はすべての骨を数えられるほどやせ細っています。突然、やせた牛が太った牛に襲いかかり、食べてしまいました。それでも、やせ細っています。

夢判断で有名なヨゼフが、ファラオのもとに呼ばれました。

ヨゼフは「7頭の牛は7年間豊作で十分に食べ物があることを意味しています。7頭のやせた牛はその後の7年間飢饉《ききん》がくることを予測しています」と言いました。

心配したファラオが「何か対策はないか?」と聞くと、ヨゼフは**「起こることは変えられませんが、準備はできます。大臣をひとり任命し、皆が豊作の年には収穫物の5分の1を穀倉に蓄えるように監督させたらよいと思います。そうすれば、不作の年にも十分食べ物が足ります」**と答えました。

このプランは実際に行なわれました。7年間豊作で、どのエジプト人も5分の1の収穫物を蓄えることに不満はありませんでした。

必ずくる不作の年のために

私のコーチは**「たいていの人は、不作の年は存在しないかのように暮らしています。でもいつかは**

不作の年がやってきます」と言いました。

昔は、皆ひとつの職に一生就き、会社と国が老後の面倒を見てくれていました。

年金はいわゆる世代契約を保障していました。この契約では、労働世代が退職した人を養うように考えられています。そして、この若い世代が年をとったら新たな若い世代が年金を保障してくれるはずでした。

今日では、将来はこのシステムは機能しないことがわかっています。２０２０年以降は労働者数に対して、養うべき年金受給者数のほうが多くなります。

昔々あるところに、ある政治家がいました。彼は国中の人に「年金は確保されている」と宣言しました。「昔々あるところに……」この話し出しは、童話の初めに使われます。年金システムも童話のような架空の話になってしまうのです。

先ほどお話ししたように、大昔のエジプトでは、財務大臣が不作に備えて、豊作の年に収穫の20％を集めて貯めておくシンプルな方策をとりました。

今でも財務大臣はいますし、稼ぎから20％以上の税金を集めています。大きな違いは、今日の財務大臣は入ってきた税金をすぐに使ってしまうことです。これでは不作の年には、まるきり何も残らないので、皆じり貧になってしまいます。

あなたに残されている道は、自分が自分の財務大臣になり、収入の少なくとも10％を節約することです。もっといいのは、エジプト人の例に倣《なら》って20％を節約することでしょう。

年金に騙されないこと

年金で豊かな暮らしをしている人をご存じの人は、私の話をネガティブだととらえるかもしれません。しかし、それに惑わされてはいけません。**政府から支給される年金に自分の生活を任せておくわけにはいかなくなる、**ということは目に見えています。

年金のシステムは、徴収額が少なくなれば成り立ちません。平均寿命は上がり、健康保険料も高くなれば、誰がそれを賄えるでしょうか?

皆のために、大きな倉庫を開けて面倒を見てくれるヨゼフはもういません。倉庫に収穫物も蓄えられていません。これから退職をする人は、退職後の生活が貧しくならないように準備する必要があります。

こういう事態になるのは昔からわかっていたことですし、皆に知らせるべきことだったと思いますが、今さらそれを言っても意味がありません。あなたが自分の財務大臣になり、備えましょう。自分で責任を持たねばなりません。

自分で乗り切る勝者、頼り切る敗者

誰にでも、この世の不公平が納得できないことがあるでしょう。いつも、なぜなんだろう? と質問が浮かんでくるものです。

第12章で紹介しますが、「なぜ?」という問いは、あなたにとって有利に働くわけではありません。言い訳のための原因を探すことになるからです。この問いを考えて、くよくよしても、行動を妨げるだけです。

大きな変動には、常に勝者と敗者が存在し、大きな不公平が生じます。しかし、くよくよ考えるだけでは先に進めません。考えても状況は変わりません。

現代社会では、**国と会社に頼り切っている人は敗者**になります。**勝者は自分で責任を持てる人**です。犠牲社会と責任社会は混在しています。自分を犠牲者と見る人は、実現不可能な過去の約束(年金制度)に固執し、国と会社に頼り続けます。

自分で責任を持つ人は、他の人が約束を守れるかどうかに自分の幸福がかかっているのは我慢ができません。ゲーテがこのようなことを言っています。

「絶対に、確実に期待できるのは、期待しないことが起きること」

こう考えられる人は、準備することを自分の責任として自覚しています。

なぜ、何もせずに不作の7年を迎えてしまうのか?

今日では、生涯働ける保証のある職はほとんどありません。多くの人の「不作の7年」は、退職よりずっと前にやってきます。なぜなら、豊作のときに10~20%のお金を蓄えないからです。

なぜ、このようなことが起きるのでしょう？　次の2つの幻想の犠牲になってしまうからです。

ひとつ目は、**経済状態が良いと、このままの状態が続くと思ってしまう**からです。ある期間稼ぎがいいと、もっと稼げるに違いないと思ってしまいます。しかし、私のコーチがいつも言っていたように、やせた牛は思ったより早くやってきます。

2つ目は、**豊作の年を認識できない**からです。不作の年が来てはじめて、いかにいい経済状態だったかに気づくのです。まだ、豊作の年が来ていないと勘違いして、預金と投資を始める時期を逃しています。

「多くの人の預金額が少なすぎる」という現実

多くの人の預金額は少なすぎます。一方で、きれいな家やアパートに住み、高価な車に乗り、最新のテレビや音響システムを持っています。住宅ローン貯蓄口座や多少の生命保険、少額の貯蓄口座以外に何も持っていません。こういう人は、先に挙げた2つの幻想の犠牲者です。

多くの場合、貯金をする人は投資をしません。多くの人は、利益をもたらさない何かに投資しています。投機と投資を混同している人もいます。しかし、投機と投資には大きな違いがあります。詳しくは第11章で紹介しています。

この違いを知ることはとても重要です。投機をする人は、金のガチョウを育てているとは限らないからです。定期的に金の卵をもらえるわけではないからです。投機は受動的な収入ではなく、投機対象を売ったときにのみ収入を得られます。

お金を育てたい人は、投機ではなく投資をしなくてはなりません。節約してお金を預けただけでは、投資家とは呼べません。私のコーチは言いました。

「投資家は売ったときではなく、買ったときに得をする」

残念ながら私は、この助言に長い間従わず、かなり損を出してしまいました。売ってみて初めて得をしたかどうかわかるのでは、投資ではなく投機をしたことになります。投機は、得をすることもあれば、損をすることもあります。

不況時に損が出た本当の理由は？

2000～2002年にかけて、株式市場で多くの人が損をしました。理由は、投資ではなく投機をしたからです。

第11章では、さらに投資と債務の違いも説明します。「自分は違いがわかっている」という人も多いでしょうが、勘違いしている人も多くいます。しかも、致命的な勘違いの場合もあります。多くの人は持ち家を投資と考えています。自分は投資していると思い込んでいますが、実際は支出です。

私のコーチはいつも、「投資をすればお金が懐に入り込んでくるが、債務を負うとお金が懐から出ていく」と言っていました。キャッシュフローの方向で、投資であるか債務であるかを見分けることができます。

問題は、多くの人が**「自分は投資をしていると思っているのに、実は債務を負っている」**ということです。これでは、お金を得て裕福になる代わりに、出費で貧乏になってしまいます。正しいことをしていると思っているのに、毎月お金が減っていくのです。

皆がしているから正しい、と思うのは間違いです。皆が持ち家に投資するのが賢い、と言っても、それは間違いです。それはただの贅沢です。自分の家に住むのはうれしいことですし、私もそうしています。それでも、これは投資ではありませんし、お金を生み出しません。不作の年の準備にはなりません。

株式市場の冬はまた来るか?

第2次世界大戦以降、株式市場は何度か小さなクラッシュを経験してきました。後から見るとあまり大きな暴落ではなく、いつもすぐに回復しています。昼と夜の動きほどでしかないと言ってよいかと思います。

夏と冬ほどの大きな周期差はありません。1929年から1932年の世界経済危機のときほど、大きな株式市場の冬がくるとは誰も思っていません。

私は、冬がなくなるわけではない、と言い続けてきました。それでも株式ブームのときには、新聞はいつも、今回は違う、世界的な経済危機はあり得ないと書きます。ファンドの神様、サー・ジョン・テンプルトンはこう言っています。

「資産投資ビジネスでは、今回は違う、というのは危ない言葉です」

少し前に、海辺で砂の城を一生懸命つくっている家族を見かけました。素晴らしい城が出来上がりました。満潮が近づいてきて、家族は城の周りに慌てて防壁を立てましたが、波はどんどん近づいてきます。結局、防壁は流されてしまい、波が全方向から城に向かって流れてきます。満潮が来たら、それを抑えるのは不可能です。

大きなクラッシュはこれからも起こるでしょう。短いトレンドと長いトレンドがあるように、昼と夜ではなく季節の周期もあります。長い夏の後には冬がきます。今までもそうでしたし、これからもあり得ます。これは、自然においても、経済においても同じことです。満潮はいつかまたくるのです。

欲や不安に反応する人が存在する限り、危機はやってきます。このような「程度の低い」動機が経済に影響するわけがないと思うかもしれませんが、ニューエコノミー、ドットコム・バブル、ニューマーケットでこの考えは覆させられました。

大きなクラッシュが起こる理由は、たくさん挙げることが可能です。大切なことは、これまでもクラッシュがあり、これからもあり得ると肝に銘じておくことです。

2000～2002年にかけて投資家はかなりの損を被りました。3年続けてです。第2次世界大戦以降、そのようなことはありませんでした。このような事態は誰も予想していませんでした。私も、株価は2010年以降に落ちるだろうと予想していました。

致命的だったのは、本来は不作の年に備えてあった予備がなくなってしまったことです。特に、すでに退職後の年配の方に大きな損失が出ました。若い人で節約をし、賢く投資したと思っていた人も損しました。

今では仕事もお金もなくなったというひどい状況です。投資のやり方を学ぶことはとても大切です。そして、債務と投機を投資と間違わないようにしましょう。

私は今すぐではなくても、株式市場に冬がくると思っています。

誰にも未来は予測できません。私自身も何度か試してみましたが、うまくいくときもあればいかないときもありました。

重要なのは、投資家である私たちが、経済危機の可能性を頭に入れておくことです。経済危機を恐れ、勇気をなくしてはいけません。

賢い投資家は、どんな周期でもガチョウを育て、よい利回りを得ます。利益を得るためには、いくつかの重要な要素を知る必要があります。危機のときこそ、投資家は良い利益を上げられます。投機家が危機のときに犠牲になる一方で、投資家は利益を得られるのです。

準備は万全に

ノアの話を知っていますか？　彼は雨が降らない地域に住んでいました。あるとき彼は、神様から大きな舟をつくるように、と使命を与えられました。大洪水が来たときに、その舟で皆を助けなさいと言われたのです。

ノアがこの地域で箱舟をつくり始めたとき、人々は何を考え、言ったでしょうか？　ノアは、小さなボートもないような地域で、巨大な箱舟をつくり始めたのです。友人や知り合いは、「意味がないことはやめろ」と説き伏せようとしました。

しかし、説得を聞き入れなかったため、友人たちはノアから離れていきました。賢いと思われている人たちは、大洪水が起きないということを細かく世間に説明しました。それ以来、ノアは変人扱いされてしまいました。気がふれていると思われながら、舟を制作し続けるのは容易ではありません。

結局、本当に大洪水は起こり、ノアがやってきたことは正しかったと認められました。

あなたが、この本をいつ読んで、経済状況や株式市場の状況がどうなっているかは、わかりません。もしかすると、高揚感いっぱいの時期かもしれません。そういうときには、不況の可能性について警告しても聞く耳を持ってもらえないかもしれません。それでも、ノアの話を頭の片隅に置いておいてください。

もしかすると、状況が暗いときに読んでいるかもしれません。そういうときには、投資から大きな利益が得られると聞いても信じる気分になれないでしょう。不景気時には、誰も準備金を積み立てられるとは思えないでしょう。

重要なことは、**極端な状況に左右されてはいけない**ということです。本当の世界恐慌でない限り、節約は可能です。１９２９年の世界恐慌は想像を絶するほどのひどさでした。悲観主義者の思っていたことよりも、現実のほうがよりひどかったのです。

豊作の年も、不作の年もやってきます。落胆したり、根拠のない安心感を持ったりしないでください。その代わりに経済的な知恵を身につけましょう。

次の章で紹介する、基本事項を大切にしてください。良い投資家は、どのような周期であろうとお金を増やせます。基本事項さえ守れば、ひとつや2つ間違った決定を下したからといって、お金が増えることには変わりはありません。

言い訳は人を貧しくする

私のコーチは言いました。

「言い訳は自分の中の敗者が語る言葉」

彼は私に、「目的は何か」と聞き、私の答えに対して言いました。

「将来いくら所持したいかは重要ではありません。重要なのは、**あなたがどのような人間になるか**です」

彼にとって人格とは、「自分に対してどれだけ誠実か」ということです。

第2章で、責任を他人に押しつける人は、その人にパワーを与えてしまう、とお話ししました。

「不況が悪い、私は若すぎる（または、年を取りすぎている）、政府が悪い、両親が悪い……」、こんなことを言っても裕福にはなれません。自分の責任を放棄しては、富は得られないのです。自分自身に誠実で、自分のエネルギーを言い訳ではなく、解決に向けなければ、裕福にはなれません。言い訳は、自分自身に言い聞かせる嘘です。

「投資について正しく学ぶ時間がありません」という人がたくさんいますが、本当でしょうか？　ただ「自分の時間を使う心の準備ができていない」のではないでしょうか？　言い訳は人間を貧しくするだけです。

正しい内心の声に従えば、経済的自由に到達できる

私たちの中には、いくつものパーソナリティーが眠っています。経済敗者と経済賢者が混在しています。犠牲者の声もあれば責任者の声もあります。言い訳を探す力もあれば、結果をもたらす力もあります。全く異なる2つの力が内在する理由は、様々な物事や人々に影響を受けているからです。

経済的自由に到達できるかどうかは、**自分の中の犠牲者か責任者、どちらの声を聴くかによります。**自分の中のダメな人間が、正しい人間に打ち勝つのを許してはなりません。

この章の最後に、再度お話ししておきたいことがあります。自分の悪い予言が当たって喜ぶ予言者はいないでしょう。あなたには、経済状態の予測が当たるか否か考えるのではなく、常に備えることを考えてほしいと思います。

「予測」ではなく「準備」です。突然やせた牛が現れたときに、準備万端の状態でいてほしいのです。もし、世界的恐慌がきたとしても、投資できるお金を持っていたら、信じられない資産が手に入る可能性があります。もし、やせた牛が現れなかったとしても、良い投資家はがっかりしません。

「満潮が引いた後にはじめて、誰が裸で泳いでいたかわかる」

世界有数の投資家であるウォーレン・バフェットはこう言いました。

ボード・シェーファーからのマネーアドバイス

- 自分の将来に責任を持つ。自分の財務大臣になり、収入の10％か20％を節約する
- お金を育てたい人はお金が儲かる所に投資する
- 株式には周期がある。不況になる可能性も頭に入れておく
- 投機は不況時には犠牲となるが、投資はならない
- 極端な状況に迷わされてはならない。大多数の意見も聞かない。自分のプランにこだわる
- 特定の基本事項を守り、それに従って決定を下す
- 言い訳は自分に言い聞かせる嘘。言い訳は私たちを貧乏にする
- あなたの中には経済敗者と経済賢者がいる。経済的自由に達するか否かは、どちらの声を聞くかによる

第11章
投資家のための原則

「資本主義と社会主義の違いを簡単に説明すれば、大きなケーキを不公平に分けるか、小さなケーキを公平に分けるかです。小さなケーキの公平なかけらが大きなケーキの小さな一切れよりずっと小さいという結果になります」

アンドレ・コストラニー（投機で大成功した富豪）

ドイツでも、それ以外の国のジャーナリストでも、私をお金のグル（指導者）と呼んでいますが、絶対に当てはまりません。お金のグルであれば間違いは起こさないでしょうが、私は何度も間違っていますし、これからも間違うと思います。

私の希望は、他の人の生活の質を上げて尊厳を持ってもらうことです。そのためには、ある程度の資産が助けになるでしょう。

この章はガチョウの育て方とよい利回りを得る方法についてお話しします。この章の原則を心に刻み、重要な決定を下すために利用してください。

前半は成功する投資家になるための原則について、後半はそのために決めなくてはならないことについてまとめています。

第1部　原則

ここから挙げる原則は、富を得るために有効なものです。本書の趣旨は、特別な投資のヒントを与えることではありません。今のような移り変わりが早い時代では、状況も可能性もすぐに変化してしまいます。ですから、普遍的なお話をします。ここでは、重要な原則と重要な決定の下し方に限り、ご説明していきます。

違いを学ぶ

以前、メキシコで殺虫剤が混じった卵料理を食べてしまいました。後でわかったのですが、コックが殺虫剤と小麦粉を間違えてしまったのです。医者がすぐに来てくれなかったら、私は今生きていないでしょう。

自然界には、無毒で役に立つものもあれば、危険なものもあります。死に至るほど危険なものもいくつかあります。おいしいキノコもあれば毒キノコもあります。

お金も同じです。人を裕福にする投資商品もあれば、貧乏にする投資商品もあります。**両者を見分けられない人は危険**です。殺虫剤と小麦粉のように、役に立つものと危険なものは見分けがつきにくいのです。

生き残るためには学ばなければなりません。経済的に自由になるためには、学ばなければならないのです。経済的に自由な状態を保つためにも、学ばなければなりません。学ぶとは、違いに気づくことです。違いに気づくことで、はじめて賢い決定を下すことができます。

これから、いくつかの重要なことを挙げます。これを知れば、経済的な知恵を身につけられるでしょう。自分のプランがうまくいくか否かを判断できるようになれば、素早く、正しく何かを決めることができるようになります。

特に知っておかなくてはならない違いは次の４つです。

1　投資と投機の違いを認識する
2　債務と投資の違いを認識する
3　3つの資産の違いを認識する
4　一般の投資家とプロの投資家の違いを認識する

【原則1】　投資と投機の違いを認識する

第一の原則は、投資と投機の違いをしっかり認識することです。

これほどないがしろにされている原則はないでしょう。お金を節約し、貯まったら、それを何かに投資します。多くの人が、これで自分は投資家になったと思ってしまいます。しかしそれでは、節約家か投機家で、投資家ではありません。

お金を節約して貯蓄口座に入れても、投資家とは呼べません。この人は節約家です。お金を貯蓄口座に入れて、それ以外は何もしていないからです。

ただし、3つ目の原則の解説を読めば、これは悪いことではないとわかっていただけるでしょう。お金を節約する人は、しない人よりずっとましです。でも、節約家ではなく、投資家こそが本当にお金を増やすことができるのです。

投機については、もっと大きな誤解があります。私も昔は、投機と投資の違いがわかっていませんでした。中流階級の家庭で育ったので当然です。

家の購入も投資、家のリノベーションも資産価値を高める投資と考えていました。宝石、車……、すべてが「投資」だと思っていました。

あるとき、私は素敵な時計を買いました。時が経てば価値が上がり、何年か後には利益が出ると見込みました。もちろん、うまい投資をしたと思っていました。コーチにも自慢しました。

コーチの反応は意外でした。この時計は投機で、投資ではないと言うのです。

「投資家は売るときではなく、買うときに利益を得る」

彼はこう言うのです。

投資は、最初から利回りがあります。私のコーチがいつも言っていました。

「投資家は、自分の投資対象からお金を手に入れています。売ってはじめてお金を見ることができるのでは、投資家ではなく投機家です」

多くの人はあまり節約していません。そして、節約家はお金がほぼ増えないことにお金を投資しています。

◉投機はいつでも儲かるとは限らない

投機は、悪いことではありません。アンドレ・コストラニーは成功した投機家で、投機で富豪になりました。生涯にわたり情熱的に投機を行ないました。

しかし、コストラニーは「投機で定期的に収入があると思ってはいけません。株式市場では勝つときも負けるときもありますが、ここで、お金儲けはできません」と警告しています。

つまり、**投資家はお金を稼ぐが、投機家はお金を得る可能性がある**、ということです。投機は悪いことではないですが、投機をしているのに投資をしていると思い込むのはよくありません。自分のお金を、どこにつぎ込んだのかは知っていなくてはなりません。投機は、定期的に収入は得られないので、それを期待してはいけません。

投機は、成功することもあればしないこともあります。そして、成功の結果にも、不成功の結果にも、自分で影響を与えることはできません。自分でコントロールできることが少ないのです。

いつも勝てないからといって、特に悪いことではありません。いくつか良い利益を上げられれば、それで裕福になれます。私自身、何年も投機をしてきました。楽しいだけではなく、大きな利益も得ました。しかし、これで定期的な収入を得られるとは思っていませんでした。

◉株と株式ファンドでは定期収入は期待できない

繰り返しますが、投機では定期的な収入は期待できません。それを期待しているのなら、必ず裏切られます。株取引や株式ファンドでは、かなり損をすることもあります。多くの**株取引は投機であり、定期的な収入は期待できない**ということを忘れてはいけません。

株取引やファンド投資に、反対しているわけではありません。私たちの経済システムの基本である株式の話をせずに、先には進めないのです。

株式は社会システムの基盤です。会社が成長できるように、新しい社員や投資のためにお金を提供する投資家なしには、私たちが生きている世界は成り立ちません。もし、投資家がいなければ多くの職が失われ、様々なことが機能しなくなってしまいます。

私自身、何年も株式ファンドに投機しています。何度か失敗していますが、平均すると価値が向上しています。株式ファンドは、過去、お金を増やす可能性が大きいものでした。ただ、投資ではなく投機であるということをよく心得てください。

配当金を除けば、株は売ったときにお金を稼げるだけです。その際には、得ることもあれば失うこともあり得ます。

◉投機に充てていいのは資産のごく一部

この理由から、資産のうち投機に充てるのは一部にしましょう。未来を予測することはできないので、半分も充てられれば十分です。売るまでは全く利益がありません。

十分な配当金を出す株やファンドに投機するのは、貴重な例外となります。なぜなら、偶然の要素の大半を排除できるからです。配当金は定期的な収入なので、十分な配当金がある株に対する投機は、投資と見なすことができます。

それ以外に、投資と呼べるのは次の2つのみです。

利益の出る不動産を入手することと会社の設立です。

もし、良い物件を選べば初めから定期的な収入を得られますし、機能している会社からも定期的にお金が入ります。ただし、利益を得るには、正しく投資する法則を学ぶ時間が必要です。

◉投機家は商人

投機家は、自分では投資家と思い込んでいても、正確には商人です。投資家は投資対象を所持するために買い、最初からお金を得られます。商人は、投資対象を良い値で買って、より高い価格で売ることを期待しています。たとえば、ニワトリを買う人は、卵が手に入るからか、もっと高い値で売ることを狙っていることになります。

どちらにせよ、知識がなくてはなりません。商人は、安く買い、高く売るための知識が必要です。**自分が買った値より高い値で売ることができれば十分です。**ということは、市場を見極める力が必要です。それに対して、投資家は不動産や会社を見極めて、可能なリターンを計算できる力が必要となります。

結論としては、いつ買って売るべきかという知識と同時に、本当の価値とリターンの可能性を計算できる知識を持つべきだということです。本当に良い投資家は、この両方の知識を持つべきです。

それゆえ、良い投資家は投機もします。投機が、投資の助けになるからです。マーケットとトレンドを知り、見極める力を身につければ、あなたの長所となります。

また、直接アクティブに運用していないポートフォリオを持つことは簡単ですし、保証の追加にもなります。

【原則2】債務と投資の違いを認識する

第2原則は、債務と投資の違いを認識することです。

前の章でも、債務と投資の違いについて述べました。「お金がどちらの方向に流れているか」を考えれば、違いがはっきりすると思います。お金は、あなたのほうに向かって流れて来ますか？　それとも、あなたから離れていきますか？　**離れていけば債務、自分に向かってくれば投資**です。

多くの人の経済状態は停滞状態です。収入が少ないからではなく、支出が多く、投資が少ないからです。債務が多ければ多いほど、投資はできなくなります。私のコーチは金のガチョウを育てなさいと言っていました。先に、投資のシンボルとしてガチョウを、債務のシンボルとして高価な車を挙げました。

イラストで表すと次ページのようになります。

債務と投資では、キャッシュフローの流れる方向が違います。お金が最終的に離れていけば債務で、投資は逆に収入を増やします。

◉持ち家は、誰にとっての投資か？

私の両親は、自分たちの家を投資と考えていました。一軒家であれアパートであれ、自分がそこに住んでいれば投資ではなく、債務です。

投資は以下のようです。

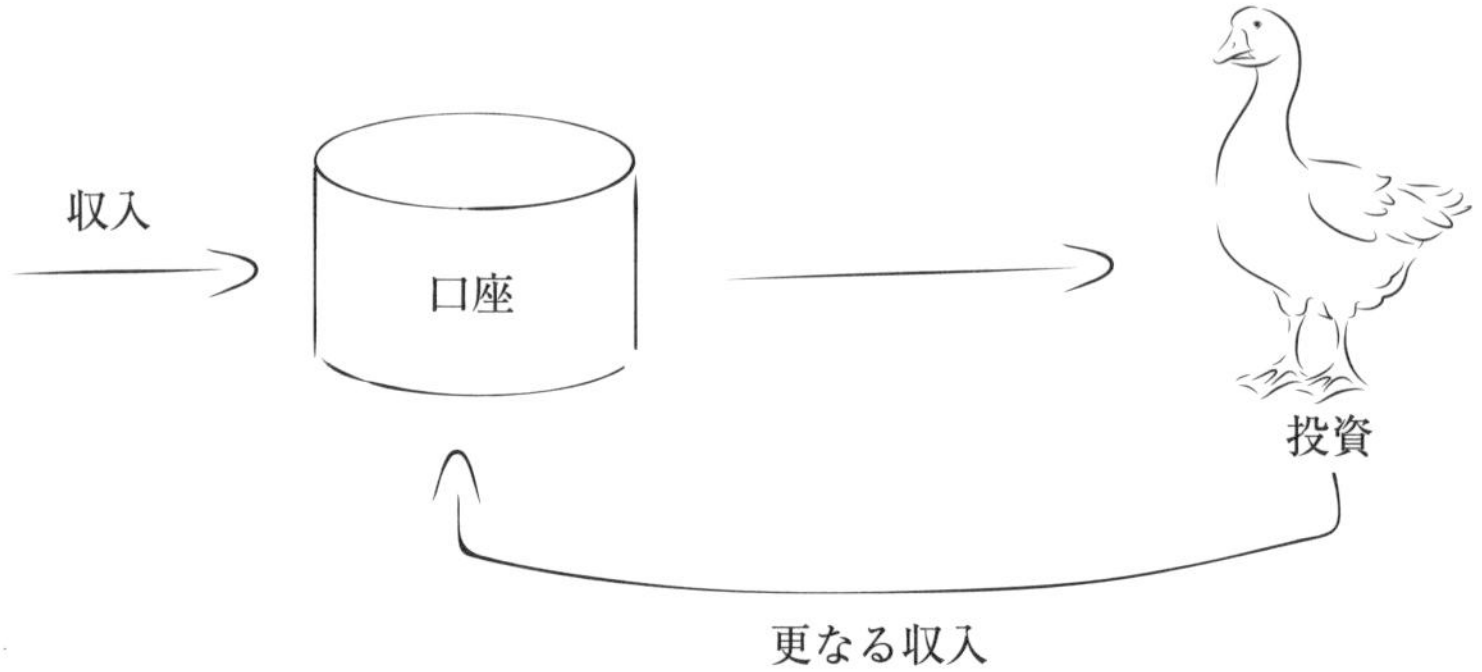

一般的に違った解釈をされていることは承知しています。たいていの人は、「持ち家は最高の投資」と考えています。

しかし、それを主張しているのは、主に銀行と住宅貯蓄金庫です。私の主催するセミナーでこれを説明したところ、ある年配の婦人が「それでは、なぜ銀行は投資と言っているのですか?」と質問されました。私は「それが正しいからです」と答えました。

婦人は驚いて「でも、持ち家は投資ではなく債務と言いませんでしたか? 今は投資だと言っていますが、どちらが正解なのですか?」と聞き返しました。

私はこう説明しました。

「両方とも正しいのです。誰にとって投資であるかが問題です。投資は定期的に口座にお金が入り、債務は口座からお金が出ていくものです。もし、あなたが家を買ってそのためにローンを組めば、毎月利子を払わなければなりません。あなたの懐からはお金が出ていきますので、あなたにとっては債務です」

婦人はうなずき、「それはわかります」と言いました。

さらに私は説明しました。

「支払った利子は銀行に流れ込みます。銀行にとってはとても良いビジネスです。お金を貸して利子が入り、さらに、あなたの家と財産が担保となっています。

ということは、銀行が投資と言っているのは正しいのです。ただ、**銀行は誰にとって投資なのかを言っていないだけ**です。あなたにとっては投資ではなく債務です。しかし銀行にとっては投資です。最初から利子（収入）があり、もしそれが払われなければ家の権利は銀行に移りますから」

◉ローンを払い終わったら投資？

投資と債務の違いを繰り返し説明するのは、私たちが投資をする際に、銀行と同じように行動するべきだと認識してもらいたいからです。私たちの支出は他人の収入です。私たちの債務は他の人にとっては投資なのです。

年配の婦人は、もうひとつ質問をしました。

「でも、ローンはいつか払い終わりますよね。家は私のものになりますが、そうしたら投資と呼べますか？」

私は答えました。

「昔、この違いについてコーチがはじめて説明してくれたときに、私も同じ質問をしました。いつかというのは大体25～30年後になります。しかも、ローンを支払い終えても、お金が懐に入ってくるわけではありません。家を売ってはじめてお金が入ってきます」

婦人はまた聞きました。

「そうですか、私の家が投資ではないとわかりました。それでは一体何なのでしょうか？」

私は答えました。

「ローンをすべて払い終わっても、まだ債務です。税金、保険、修理、リノベーションなど、いつも何かしら出費がありますから。自分の家は投資ではなく贅沢品として考えることです。贅沢品はお金がかかります。家を資産と見なせばうれしいのですが……」

◉順番を守ること！

「家を買うな」と言っているわけではありません。逆に、家やアパートの購入は、特別な感情をもたらしてくれます。自分にとって、とても意義深い贅沢な気分を味わえます。問題にしなくてはいけないのは、いつ家を買うか？　ということです。先に投資をするべきか、債務を負うべきか、どちらでしょう？

もし、投資をする前に家を買ってしまえば、投資のためのお金が十分に残らない可能性があります。先に投資をすれば、そこから生じる収入で家を買うのが楽になります。

私のコーチは、様々な人がこの**順番を守らなかったために貧しい生活を送る羽目になる**と教えてくれました。多くの人は、自分の収入でぎりぎり許せる範囲で家を買い、投資へのお金はほぼ残っていません。私のコーチはこのような人を「持ち家貧乏」と呼びました。

頑張って働いてたくさんのお金を稼いでも、ほとんどのお金は銀行に行ってしまいます。自分の家のために働いていると思うかもしれませんが、実際は銀行のために働いているのです。あなたが払う利子は、銀行の収入なのです。

とにかく一番悪いのは、債務と投資の違いを認識していないことです。持ち家で正しく投資をしたと思い込んでいます。さらには、なぜ自分は経済的に向上しないのか、説明ができないのです。

【原則3】何に投資をしているのか認識する

どのような投資をすすめられているのか、理解する必要があります。そうしないと、自分の信念に合った投資をしているのか確信できません。投資対象は次の3つの大きなカテゴリーに分けられます。

1　金融商品
2　不動産・株式
3　賭け

金融商品への投資は、あなたのお金をお金に投資します。デメリットは、少ない利益から、インフレーションと税金にお金を払わなければならないことです。メリットは、この投資は比較的確実に利益を得られることです。この投資は、やらないわけにはいきません。

不動産・株式への投資は、あなたのお金を不動産や株やファンドなどの対象の価値に交換します。これはリスクが大きく知識を必要としますが、リターンは大きくなります。

賭けはお金の遊びです。ギャンブルを投資と間違えてはいけません。私のコーチは、「遊びは悪いことではありませんが、ただ楽しむためにしてください。」と言います。

3つの投資対象を知ることは、体系的に物事を進めていくために必須です。投資は感覚で行なってはいけません。

自分自身で、金融商品と不動産・株式のどれに投資するか決めてください。**いくら金融商品に、いくら不動産に、いくら株式に投資するかを考えることが重要です。**

これについては、少なくとも4つの個人的な要素に基づくので、私から具体的な答えは出せません。あなたに合ったものを選びましょう。

1 あなたの目的は？（経済的な目的は次の章で決めましょう）

2 すでに保持しているお金は？

3 どの程度リスクを負う気があるか？

4 あなたの年齢、もしくは、いつ、いくら投資できる？

いくら金融商品と不動産・株式に投資するべきかを知るためには、この章の第2部で書いています。

【原則4】不動産・株式投資の結果は金融商品投資より高い

第4原則は、不動産・株式投資の結果は、金融商品投資より高い、ということです。

不動産・株式への投資は、長期的には常に金融商品への投資より利益が多くなります。その理由はインフレーションにあります。いくらか金融商品に預けた場合、お金の価値はインフレーションで減ります。同じ金額で、10年前に買えたものが今は買えません。なぜなら、インフレーションですべて高くなったからです。

ということは、お金を貯蓄口座に預けると「預け貧乏」になります。もし10万円を貯蓄したとします。インフレーションが平均3％であるとすると、1年後にはあなたのお金は9万7０００円の価値となります。もし利子が2％だったとすると2０００円なので、インフレーションで利子より多くお金を失ったことになります。

インフレーションはすべてを高くするので、あなたのお金を減らします。しかし、すべてが高くなるなら、あなたの不動産・株式の価値は上がります。もし、不動産や株に投資していれば価値が上がっています。すべてが高くなれば不動産・株式は上がるのです。

ドイツの年平均インフレーション率は3％と言われています。今後もそうであるという前提で計算すると、あなたの10万円は将来だいたいこうなります。

・10年後：7万3７４０円

・20年後：5万4380円
・24年後：4万8140円

とても気分が滅入ったのではないでしょうか？　しかし、現実はもっとシビアで、3％のインフレーション率は真実ではありません。たとえばユーロが導入されたとき、皆が物価が高くなったと感じました。

◉本当のインフレーション率

統計は事実を巧みに違ったように見せることが可能です。ユーロの導入後、ほぼすべてが高くなったことをドイツ人は経験しました。しかし、統計ではインフレーションは1％となっています。実際のインフレーションは4～5％でした。

1965年には、丸パンは1個10円、メルセデス200Dは43万円ほどでした。

この例から言えることは、現実は年に4～5％で、遅くとも18年毎に倍になっています。ということは、お金の価値は半分になります。同時に不動産価格は18年ごとに倍になります。

インフレーションの結果を簡単に計算する式は次の通りです。

72÷インフレーション率＝お金の価値が半分になる年数

年のインフレーション率が4％だとします。72÷4＝18、ということは18年後にお金の価値は半分になります。もし9%なら、あなたのお金の価値は8年で半減します。このようなインフレーション率は、それほど遠くない過去に存在しました。

◉インフレーションの敵と味方

まとめると、インフレーションはお金の敵ですが、不動産・株式の友です。ありがたいことに、お金の価値が下がるのと同じ割合で価格が上がります。

簡単に言えば、インフレーションは、不動産・株式投資においては価値を上昇させます。もし、不動産・株式に投資すればインフレーションは怖くありません。お金を失わせるインフレーション率が同時に価格を上げます。それゆえ、不動産・株式に投資する必要があるのです。

【原則5】リスクを負う

第5の原則は、リスクを負う、です。

あなたは経済的に自由になりたいですか？　それとも、できる限りの安全をとりますか？

多くの人は「両方だ」と言うでしょうが、それは無理です。**経済的自由と安全を同時に選ぶことはできません。**

理由は簡単です。自由と安全はまるきり逆の概念で、反対方向に向かう2つの道のようなものだからです。どちらかに一歩踏み出したら、道の反対の目的地から遠ざかっていきます。

多くの人が、経済的自由を求めて一方の方向に向かいますが、同時に安全性は欠かせないと考えてそちらの方向に戻ってしまいます。一歩どちらかに踏み出し、すぐに反対方向に一歩進むので、ほとんど動いていないという結果になっています。回し車で走るハムスターのように、走っても走っても同じ場所から動けません。

自由と安全は反対の概念です。自由を求める人の振る舞いは、安全を求める人とは異なります。安全を求める人は自由を犠牲にします。安全を求めれば求めるほど、自由から遠ざかってしまうのです。

◉安全は確実ではなく、自由は無償ではない

安全を求める人は、何よりも損をしたくない人です。得をしたいという希望より、損をすることに対する不安のほうが大きいのです。それとは逆に、自由を求める人は何かを得たいと思う人です。富への要望のほうが損失への不安より大きいのです。

私のコーチは、いつもこう言っていました。

「負けないために勝負をしてはいけません。勝つために勝負をしなさい」

お金は預け貧乏になるためではなく、増やすために投資しましょう。

安全を求めることには、大きなデメリットがあります。完全な安全を求める人は、とても怖がりな人です。このような人の世界は暗く、危険でいっぱいです。安全が固定観念になっている人はネガティブな世界観を持ち、いたる所に危険を見出します。

絶対的な安全というのはありません。もし安全な対象に投資をしたら、インフレーションと税金が

あなたのお金を食い散らかします。安全な投資を選べば、リスクを負う投資家より、稼げるお金が少ないのは確実です。

しかし、**自由を求める人も対価が必要**です。勇気、強さ、失敗を恐れない心構えといった対価を差し出さなければなりません。これは決して安くありません。時には不安や迷いがわき上がるでしょうし、他人から理解してもらえないことも多いでしょう。

しかし、勇気を持ち、失敗を恐れず、損をしてもそれと向き合えれば、大多数の人が味わうことのない自由を得ることができるでしょう。

◉損は利益の一部？

失敗して苦しむことに対する準備ができている人だけが、リスクを負うことができます。「これはリスクが大きすぎる」と言ってしまう人は、同時に「失敗したくない」「失敗は悪いことだ」と思っているのです。

本当の投資家は、損は利益の一部であると知っています。一度も失恋をしたことがない人は、本当に恋をしたことがない人です。一度も損をしたことがなく裕福になった人はいません。損をせずに金持ちになった投資家に私は会ったことがありませんが、今まで投資で損をしたことがない貧乏人はたくさん知っています。

新しいことに挑戦すれば、長期的には得るものが多いでしょう。失敗もするかもしれません。しかし、お金を増やすために、注意を払い、謙虚になるという姿勢を学べます。謙虚な人はより多くのことを学べます。

大事なのは、**失敗の中に何を見るか**ということです。

住宅ローンや将来の負担を見ますか？　それとも将来への投資を見出すでしょうか？

【原則6】 分散する

第6原則は、分散する、ということです。

短い道を選ぶにしろ長い道を選ぶにしろ、投資は分散させましょう。

誰も未来は予想できませんから、投資して良かったかどうかは、何年か後に振り返らなければわかりません。それゆえ、色々振り分ける必要があります。

これから10年間、インフレーションになるかデフレーションになるかわかりません。経済ブームが来るか不況がくるか、もしくは横ばいかもわかりません。

それゆえ金融商品と不動産・株式にそれぞれ投資するのです。金融商品投資も色々な物件に分散しましょう。不動産・株式もどれが成長するかわかりませんから、これも分けましょう。

国際市場に広がっているファンドを選んで投資しましょう。不動産も購入するといいでしょう。もし資産があまりなければ、半分を金融商品のファンドに、残り半分を何個か大きな株式ファンドに分けて投資しましょう。

【原則7】優れた投資家と平均的な投資家

第7原則は、優れた投資家と平均的な投資家がいると知っておくことです。

平凡な投資家は、平均にしか興味を示しません。たとえば、「この対象は過去5年、10年、20年で年平均どう変化したのだろう?」と聞くのは凡人の投資家です。平均結果を求める人は、裕福になるまでに長い道のりがかかります。早く裕福になりたい人は、平均結果以上の投資をしなければなりません。

平凡な投資家は、株式市場が上昇しているときにしか収益を得ません。もし、下降したら、いい時期がくるまで待つしかありません。優れた投資家は、悪い時期でも待たずに行動します。

行動しても成功するとは限りません。しかし、失敗してもめげずに、そこから何かを学ぶことができます。成功する投資家は、失敗を平均以上の成果の一部として認めます。

それに対して、平凡な投資家は個人的な失敗を敗北と見なします。だから、失敗を嫌うのです。

平凡な投資家は、市場の上下が平均して上昇するのを信じて待ちます。

これまで50年間は、いくつかの危機やクラッシュや戦争があったにもかかわらず、平均すると悪くはありません。ただし、平均はあくまでも平均です。どちらを選ぶかというだけの話です。

私たちは常に何か代償を払っています。もし平均にとどまるなら、時期が悪ければどうすることもできません。売ることはできますが、収益は上げられないでしょう。

もしくは、売らずに良くなるのを待つことになります。現金化するまでは、これも利益をもたらしません。唯一の長所は、時間をかけずに済むことです。それでも過去には平均的な利益を得たことになります。

◉ヘッジファンドとは?

すでに述べたように、本当の投資家は市場が上昇中のときのみ収益を上げる、平凡な投資では納得しません。それゆえ、裕福な投資家はヘッジファンドを支持しています。羊が逃げ出すのを柵が妨げるように、ヘッジ（柵）は投資があまり損を出さないように防いでいます。ヘッジファンドは、時期が悪くてもオプションを儲けて安全性を上げます。ヘッジは損害に対する保険です。

ヘッジファンドは損失を避けるように考えられており、下降気味の市場でも大きな利益を得ることが可能です。

ヘッジファンドは最もよく考えられた方法だと思われていますが、もちろんそれでも確実な保証はありません。実際には、複雑なヘッジビジネスでリスクは上がることもあります。リスクが大きいと見る投資家も多くいますし、リスクがないわけではありません。しかし、優秀な投資家はそこで**「投資を柵に入れないほうがもっとリスクが高い」**と見なします。

どちらが「正しい」かが問題なのではありません。両者はコインの両面のようなものです。私が言いたいのは、ただ待つのではなく平均以上に何かを行なおう、ということです。現状をただ受け入れるのではなく、新たな道を探しましょう。

◉2つの道

人生において、人は常に、ゆっくり進むか素早く進むかの選択を迫られています。もし、20年後に経済的に保証されていたいと思うのであれば、ゆっくりの道を選べばよいでしょう。悪くはない道です。自分の人生設計、価値と優先順位の考慮の結果でしょうから、心置きなく進んでください。

反対に早い道を選ぶのであれば、一般より優れていなければいけません。収入がとても良いか、会社を設立するか、投資家として平均以上に稼がなければなりません。

3つのうちどれを選ぶにしても、時間をかけてたくさん学ぶ必要があります。一番早く学べる道はコーチにつくことです。

ここで、重要な決定地点にやってきました。

原則を知ったあなたへ

具体的な助言としては、持っているお金の一部を貯蓄口座、キャッシュファンド、債券等の金融商品に投資しましょう。

残りの半分は、不動産・株式に投資しましょう。もし株に投資する時間がなければ、株式ファンドを選びましょう。

投資家になりたい人は、それに追加して不動産や会社に投資してください。

あなたは、裕福になるための原則を学びました。お金を増やすために、重要な決定を下すときがやってきたのです。決定するということは、２つの選択肢からどちらかひとつのみを選ぶことになります。

預け貧乏になるか、投資家になるか、の選択です。

ここまで読んできたあなたは、預け貧乏になりたいほうではないと思います。ただ単にお金が増える投資をするというのは、あなたの選択肢ではないでしょう。

ここから、あなたが投資家となり、経済的自由を手にするために有効な質問をしていきます。

【質問1】いつ債務を負いますか？

できるだけ早くきれいな家に住むのと、経済的な目標にたどり着くのでは、あなたはどちらを優先させますか？　第12章を読んだ後に、もう一度この質問に戻って最終的な答えを出しましょう。

一番早く裕福になるためには、**先に経済的に安定してから債務を負うこと**です。裕福な人たちは、債務を負う前に経済的自由を手にしています。

【質問2】投資しますか、投機しますか？

先にも述べたように、お金の一部は株か株式ファンドに投資するべきです。投資家になると決めた人には、これをおすすめします。一番重要な原則は分散することです。

投機家で満足ですか？　それとも、投資家でありたいですか？

まずは、次の質問について考えてみてください。

裕福になるまでに、どの程度の時間を費やしたいと思っていますか？

あなたの生活には、投資家として活動する余裕がありますか？

平均的な収益を求めていますか、それとも最初から収入は投資で得ようと思いますか？

投資家の道が、裕福になる一番早い道であることを説明させていただきます。価値が上がるのを見越して不動産を買うのであれば、銀行からローンを借りられます。株投資では、そのようなローンを銀行から借りられることはありません。

5000万円を貯めてから投機するのと、1000万円を自己資本として、残りの4000万円を借りて、5000万円の不動産を買うのではどちらが早く裕福になれるでしょうか？

ここで忘れてはならないのは、お金に関するたくさんの知識と経験が必要だということです。もし、投資家の道を歩みたいと思うのなら、多くの本を読み、セミナーに参加し、成功している人たちと知り合う必要があります。

【質問3】自分ひとりで投資しますか、誰かにコンサルタントになってもらいますか?

私は常に、良いコンサルタントを探すように努めています。そのおかげで、良い投資結果を得ています。

投資家になって自分の投資対象を選んで管理するか、有能なコンサルタントを探すか決めましょう。最良のエキスパートを見つけるために一番良いのは口コミです。裕福な知り合いに、誰かおすすめのコンサルタントはいないか聞きましょう。

【質問4】どうやってお金を金融商品と不動産・株式に分けますか?

前にも述べたように、これはあなたの目標によって異なります。次の章でいくつかの可能性について見ていくので参考にしてみてください。

お金を増やすには、どの程度リスクを負う準備があるかが重要です。

メルヘンと幻想を実現させるには?

次の章では3つの経済プランを立てます。将来のプランを立てるのはもちろん大変です。なぜなら、未来は必ずしも思った通りにはならないからです。

全く違う、少し違う、思ったより良いこともあれば、悪いこともあるでしょうが、いずれにせよ想像とは異なります。自分の将来像も、思った通りには現実化しません。

私たちが自分の将来について想像することは、実際には幻想と言ってよいでしょう。予測もできませんし、どのようなプランも疑問を抱かされます。

では、将来どうなるかわからなくても、プランを立てることに意義があるのでしょうか？

答えは、**それでもプランは立てねばならない、**です。自分が考えたり言ったりすることは、現実化する傾向があります。自分で物語るメルヘンや幻想は大部分が実際に将来の姿として現実化します。

将来を形作るプラン

さらに言えることは、プランはいつでも存在するということです。もし、自分で計画しなければ、誰か他の人があなたのプランを立ててしまいます。自分の生活プランを自分でデザインするか、他人がしてしまうかの違いしかありません。**自分のプランに従えば、将来を自分で形成できます。**一歩ずつ確実に自分の夢に近づいて行けます。

何もやり遂げられていない人と話してみてください。こういう人は往々にして、自分の将来を真っ暗に描いています。「絶対に裕福にはなれない」「経済的に自由になるなんてメルヘン」「自分の将来は真っ暗」と思っているのです。

信念を持ってデザインすれば、そのプランは現実となり得ます。ネガティブな将来像を持つ人とばかり話す人は、ネガティブな考えを強化してしまいます。同じような感情の傾向を持つ人は、お互いに引き合ってしまうのです。

常に暗い未来を予言する人は、将来暗い生活を送ることになってしまい、「やはり自分は正しかった。ポジティブに考える人は現実を直視していないからだ」と考えてしまいます。

しかし、このような人は自分の将来を正しく予測したわけではなく、そのような将来を自分で形成してしまっただけなのです。

将来像のイメージ

将来像のイメージは、実現する大きな可能性があります。これは、ネガティブな想像にもポジティブな想像にも当てはまります。

それなら、自分にとって気に入る人生デザインをしたほうが良いではありませんか。理想の将来を思い描きましょう。**ポジティブな人生デザインを選んでください。**

同窓会に行くと現実がよくわかります。最近私は、20周年記念同窓会に参加して昔の友達や同級生に会い、昔皆が言っていたことを色々思い出しました。金持ちになりたいと言って、将来像をカラフルに描いていた人もいました。この人は裕福になっていました。

「私は小売店を経営したいけど、数字に弱いからな……」と言っていた人もいました。この人は、学生時代からソーセージやお菓子を売り、最終的には学校の一室で小さな店を開いていました。同窓会のときに彼は、「店はうまくいっていたけど、やはり計算に弱くてパートナーにだまされた」と言っていました。

2人とも将来についてまるで異なったイメージを描いていました。将来どうなるのかを予測することはできませんでしたが、それでもこのイメージは現実となったのです。

「あなたの楽しいメルヘンは?」

私は26歳のときに、会社を倒産させてしまいました。とてもつらい思い出です。私の母は、「大学を卒業しないでろくでもない職業を選ぶからよ」と言いました。

当時の私はクヨクヨしていて、一日中部屋にこもっていたこともよくありました。今では精神的な強さを身につけましたが、当時は弱っていたのです。

それでも、母には、「いつの日か絶対にすごくお金持ちになってみせる。そして、私のことを誇りに思ってくれるようになる」と言いました。

ここで私はジレンマに陥りました。母には裕福になると宣言をし、コーチと経済プランをつくり、あきらめず頑張ると宣言していました。

自分の友人や数少ない元社員にも、絶対に成功すると言いました。約束を破りたくありませんでした。その一方で、心の中には何度も迷いが浮かんでいました。

周りの状況がいいときには、ポジティブに将来を考えるのは簡単ですが、暗いときは難しいものです。コーチがついていた間にも、何度も辛い時期がありました。そういうとき、彼は「目標をさらに高めるときがきたね」と言ってきました。

私はそのたびに、「それは現実的ではないと思うのですが」と反論しました。

コーチの答えは、「自分や他人の将来についてあなたが思うことはメルヘンです。それなら**楽しいメルヘンを語りなさい。**もしメルヘンが実現したら悪夢ではなく夢の中の生活が送れます」というものでした。

コーチは時々私に「将来のメルヘンは？」と聞きました。ネガティブなイメージは受け入れてくれませんでした。

あるとき私は、自分でも信じられないくらいの素晴らしい未来像と、自分の迷いについてコーチに話しました。

コーチはこう言いました。

「不安を持つのは普通です。将来のネガティブなイメージの表れです。それに対して重要なのは、私以外にはこの悩みを話さないこと。そして、迷いが浮かんだら、すぐに私に電話をすることです。そうしたら、すぐに明るいメルヘンについて一緒に話せますから」

私はコーチの助言を実行しました。迷いは段々小さくなり、ポジティブなイメージが力を持ち始めました。これが、本書の前半でポジティブな人を周りに置きましょうとお話しした理由です。あなたの楽しい夢を聞きたがる人を周りに集めてください。

鬼ごっこをやめて経済的自由を目指す

誰もが子供のころに、鬼ごっこをしたことがあるでしょう。私は鬼が怖くて、よくベッドの下や戸棚の中を確認しました。鬼が居そうで、暗くなってからは地下室には行きませんでした。

大人になっても、鬼が怖い人もいます。鬼は、上司、税務署の職員、競合相手に変化していきます。こういう人は、「鬼が来れば、逃げる」という選択をします。

同じように、将来から逃げる人は、幸福からも逃げ出します。そうして、本当は自分のものになるはずだった理想の将来を実現できません。逃げることをプランとしてしまえば、助けとなる楽観的な経済プランは立てられません。

自分に内在する2つの異なった人格を思い出してください。ひとりは経済的な失敗者、もうひとりは経済的な賢者です。

敗者は悪夢を、賢者は素晴らしい未来を見ます。両者とも妄想を語りますが、それぞれ現実化する可能性があることを忘れないでください。

素晴らしい未来を思い描き、心の声に従いましょう。不安やネガティブなイメージに従わず、素敵な未来を考えましょう。現実化して欲しい妄想を選び、達成してください。

次の章では、裕福になるためのプランを立てましょう。このプランに従って一歩一歩進んでいけば、あなたの妄想は現実となります。

ボード・シェーファーからのマネーアドバイス

- 投資、投機、債務の違いを学ぶ
- 投資家は売ったときではなく、買ったときに利益を得る
- 債務を負う時期は早すぎないこと。持ち家を買う前にある程度の資本を持つこと
- 持ち家は投資ではなく贅沢品
- 投資家はお金を儲けるが、投機家はお金を得る可能性がある
- 不動産・株式は金融商品より儲けが多い
- 経済的自由を求める人はリスクを負わねばならない
- 資産は金融商品と不動産・株式に分けて運用
- 投資家となるには常に学び続ける
- 15～20年後に経済的に自由になりたいか、もっと早くなりたいか決める。投機家となりたいか、投資家になりたいか決める
- 将来を予測するのは不可能だが、形作ることはできる
- 素晴らしい未来を語る心の声に従う。夢は現実となり得る

第12章

経済的自由への3段階

「幸せになるためには道は二つある。自分の希望を減らすか、手段を増やすことだ。賢い人はその両方を同時に行なう」

ベンジャミン・フランクリン（アメリカ建国の父のひとりと称される政治家。100ドル札の肖像画の人物）

誰もが経済的な夢を追い求める権利があります。もちろん、あなたもです！　夢を現実化するためには、経済的予備、経済的保障、経済的自由について、学びましょう。

これら3つは、いつ手に入るでしょうか？

これらの違いはなんでしょうか？

経済的目的にたどり着くためには、どのくらいのお金が必要でしょうか？

【第1段階　経済的予備】

正しい目標設定法は巷でたくさん語られています。誰もがひとつくらいは見たり、聞いたりしたことがあるはずです。その方法を、経済面の目標設定に利用することを考えたことはありますか？

会社が倒産したり解雇されたり、病気になったりして、現在の収入が途絶えたとします。その後、どのくらいの期間、生活が可能でしょうか？

あなたが所有しているお金で生活ができるその金額を経済的予備と呼びます。もし、予期しない事態が起きても、お金の蓄え（予備）があれば生活することが可能です。

生活のために、毎月いくら必要か考えましょう。もし病気になったとしても、必ず払わなくてはならない金額を考えてみてください。もし被雇用者でしたら「プライベート」欄、自営業者はさらに「業務必要経費」欄も埋めてください。

【プライベート】

住宅ローン、家賃：　円

食費、生活費：　円

自動車諸費：　円

保険料：　円

税金：　円

電話料金：　円

ローン：　円

その他：　円

月合計額：　円

【業務必要経費】

事務所ローン、家賃：　円

事務経費：　円

月給：　円

電話料金：　円

自分の代理人の費用：　円

ローン：　円

その他：　　　　　　　　　　　　円

月合計額：＿＿＿＿＿＿＿＿＿＿＿＿円

上記によると経済的予備に必要な収入はいくらでしょうか？

プライベート経費：＿＿＿＿＿＿＿＿円

業務必要経費：＿＿＿＿＿＿＿＿＿＿円

あなたの経済的予備の必要期間は？

何カ月この予備金が必要かは、個人的にどの程度の安心感を求めるか、どの程度楽観的かによります。

もし、病気になり解雇されたとします。また健康になり、望む職につけるまでには何カ月かかるでしょう？　安心感を持って生活するためには、大体の人は6カ月から12カ月分の予備費が必要です。

あなたは自分でどれだけの期間が必要だと思いますか？

＿＿＿＿＿＿＿＿＿＿カ月

経済的予備である必要経費に、この期間をかけてください。

＿＿＿＿＿円　×　＿＿＿＿＿カ月　＝　＿＿＿＿＿円

この数字が、予備として最低限必要な金額です。自分の心身の健康のために、この金額を持っている必要があります。家族のためにもそうするべきです。

この金額を持っていてはじめて、自分に合った仕事を探す時間と心の平穏が確保できます。どこかに出かけて、気を落ち着けることもできます。

もし長期間何も起きなくても、この予備であなたは保護されていると感じることができます。保護されていると感じることは人間の要求です。どんなに強い精神の持ち主も、経済的に保護されていなければ、心のバランスを失います。

予期しなかった出来事、事故、災いは誰にでも起こり得ます。しかし、そのような事態に余裕を持って対応するための準備をすることは誰にでも可能です。災いに遭い、さらに経済的にも窮乏し、多くのことを妥協していては尊厳を保てません。

80%が倒産するから、自分の会社の経済的な予備が必要

ドイツでは、設立された会社の80%が5年以内に倒産します。設立された会社が5社あれば、4社

はつぶれるのです。一番の理由は**資産の不足**です。

次に、**顧客の支払いが悪いこと**で倒産します。不良債権と支払い遅延が問題になるのです。

そのため、プライベートのみならず、**自分の会社にも予備金が必要**です。もし会社の収益が突然なくなったら、経済的予備はどれくらいの期間必要か考えてください。

顧客の一部は支払いが遅く、また、他の顧客は弁護士に交渉してもらってはじめて支払ってくれるかもしれません。法廷で争うことになり、かかる費用を先払いする必要があるかもしれません。争いに負けることもあるでしょうし、勝ったとしても相手方の支払い不能で入ってくるはずのお金が得られないかもしれません。

ですから、会社のためにも予備のお金を準備しましょう。

不況に強い人とは？

会社のスタートと成長期に、お金を会社に注ぎ込めないと、起業家の心は痛むことでしょう。

「投資は良いことです。さらに良いのは正しいときに投資することです」とマーフィーも言っています。

「投資ブームの後に不況がくる」、経済の世界ではこういう周期があります。

不況が目前にあるとします。あなたの会社は不況で埋もれてしまうかもしれませんし、たまたま不況時に現金があってチャンスをつかめるかもしれません。

不況時ほど投資の大きなチャンスはありません。しかしそれは、現金がある場合のみです。経済的な予備がなかったばかりに倒産してしまった会社をリストアップすれば本が何冊分にもなります。ですから、起業家精神がある人は、経済的な予備をつくり出さなければなりません。もし正しく投資をすればお金はすぐに増えます。不況時には、予備のお金があなたの会社を倒産から守り、経済的なチャンスを与えてくれるのです。

予備金づくりは短期決戦！

計算上は、目的の金額が小さいほど、早くつくることができます。これは先に述べたことと矛盾しますが、第4章で書いたのは長期的な目標です。最終目標は、大きいほど到達が「現実的」です。経済的な予備金づくりは短期的決戦です。できるだけ早くたどり着くべき目標です。

近距離ターゲットにしたほうがよい理由は3つあります。例を挙げましょう。

Aさんは月に25万円の手取りがあります。23万7500円は必要経費なので、月に1万2500円しか貯められません。

十分な経済的保護を得るためのお金を10カ月分貯めようと思っています。必要なお金は237万5000円です。月毎に1万2500円貯めていたのでは、目標金額に達するのに約15年10カ月もかかります（利子抜き）。

Aさんはすぐにやる気をなくしてしまいました。

Bさんも25万円の手取りがあり、10カ月分の金額を予備として貯めたいと思っています。違いは、月の必要経費が17万5000円ということです。これで、目標は小さくなります。節約額も多いのでターゲットに到達するのが早くなり、2年間で目標達成です！

経済的な予備は、近距離ターゲットが良い3つの理由は、以下の通りです。

1 初めの目標が小さければ、目標額に早くたどり着ける
2 少額で生活できるなら、節約額が多くなり経済的な予備を早く貯められる
3 手に届くところに最初の目的があるので、やり抜ける

予算プランをつくる2つの方法

私はあまり厳密な予算プランを立てるタイプではありません。それでも、誰もが一度はプラン立てに時間を費やすべきだと思っています。

それによって自分が月毎に何にいくら出費しているかを把握できます。予算については、経済的な予備が確立する前から考えるべきです。

まず、現在の収入と支出をリストアップしましょう。リストをつくるだけではプランにはなりません。それでも、ここから有用な認識を得られます。予想以上のお金が税金、車、コミュニケーションなどに支出されていることでしょう。

予算プランのひな形を次に挙げます。

予算プランは、まずすべてのコストをリストアップすることから始めます。それには2通りの方法があります。

1 現実的であるか、払うだけ十分なお金があるかどうかは無視して、それぞれの項目にいくら支出したいかを書き込む。もし不可能に思えても、最終的には実現されてしまうことが多い。

2 月に最高額いくらまで出費したいか考える。その後、それぞれの項目を見て、最終金額を超えてしまうようならどれを減らすか考える。

予算プランをつくる

収入	実績（円）		予算（円）	
	額面	手取り	額面	手取り
1、被雇用者収入				
2. 自営業収入				
3. 農林業				
4. 賃貸収入				
5. 副業				
6. 年金				
7. アセット				
8. 保険				
9. その他				
合計額				

支出	実績（円）	予算（円）
交通手段		
- 自動車等の税金		
- ガソリン代		
- 修理代		
- 保険		
- 飛行機代		
- 電車、バス、タクシー代		
- リース代・自動車ローン		
通信費		
- 固定電話料金		
- 携帯電話料金		
-Fax 料金		
-PC、インターネット料金		
余暇		
- テレビ受信料		
- クラブ料金		

支出	実績（円）	予算（円）
- ホビー		
- スポーツ		
生活費		
- 幼稚園・保育園		
- ペット		
- 嗜好品（タバコ等）		
- 食費		
- その他　家事必要費用		
- 洋服		
- 旅行		
- 家庭必需品の購入代金		
- レストラン		
- ヘアーサロン、化粧品		
- 小遣い		
- 学校、コース、セミナー		
- 雑誌、本		
住居		
- 家賃		
- ローン返済費、利子		
- 修理代		
- その他の賃貸費		
- 住居関連の税金		
事務所		
- 賃貸料		
- 付帯経費		
- 事務用品		
- 郵便代		
- 事務所設備代		
- 人件費		
クレジット、保険、その他		
- 寄付		
- 預金		
- 税金		

支出	実績（円）	予算（円）
- クレジット		
- プライベート健康保険		
- 傷害保険		
- 追加で入っている年金保険		
- 損害賠償保険		
- 権利保護保険		
- 家財保険		
その他　規則的に支払う出費		
-		
-		
-		
-		

予算を立てるのが難しければ、どうする？

予算を立てるにあたっては、**「自分の長所を探すためにコーチをつけ、弱点には解決法を探す」**とよいでしょう。予算を立てるのが苦手な人はたくさんいます。もしあなたもそうなら、何かしらの解決法が必要です。

これまでうまくできなかったことは、あなたの強みではありません。アイスが好きな人が、我慢して食べる量を減らすのが難しいように、予算立てが難しければ解決法を探しましょう。

あなたにとって重要ではないことのスペシャリストになる必要はありませんし、些細なことを主要なタスクと見なしてはいけません。私のおすすめは、まず税金と車とコミュニケーションについて解決策を探すことです。予算を立てるのが苦手ではない人は、この3項目にも問題なく立ち向かえるでしょう。

◉1 税金対策

ドイツの平均的な給与所得者は、年の半分を自分のために働き、残りの半分は国のために働いています。私たちの出費は増えていきますので、手元にはあまりお金が残りません。

損失を計上したり、合法的に外国に会社を設立するなどの理由で、稼ぎが多くても税金はあまり納めていない人もいます。私の意見は、ドイツに所在地があるのであれば、よい助言を受けて法律の範囲で、ドイツで税金を納めるべきだと思います。

ですから、良い税務コンサルタントを探しましょう。

私が思う良いコンサルタントとは、**簿記が得意な人ではなく、支払う税金を減らす術を心得ている人**です。もし、年収が1250万円以上の人には、このような人を探すことをおすすめします。1500万円以上の人は絶対に雇ったほうが得です。

アリストテレス・オナシス（ギリシャの実業家で20世紀最大の海運王と呼ばれたミリオネア）がこう言っています。

「もう一度やり直すとすれば、同じように生きると思う。例外はひとつだけ。もっと早くから良い税務コンサルタントを雇うことだ」

◉2　車対策

ドイツには、車にお金をかけすぎている人がたくさんいます。車は投資ではなく消耗品です。

もしこれから10年間、今の車の半分の価値の車に乗れば、25年後にはかなりのお金を節約できます。

1年間で、ローン、ガソリン代、保険料、修理費、検査費用などの合計で50万円節約するとします。20年後には、複利の効果で何倍にも増えます。

私のコーチが伝授してくれた「お金を増やす法則」は、**「車の購入費は平均月収入の2カ月分を超えてはならない」**というものです。

少なくとも5000万円から1億円の資産ができるまでは、高級車を購入するべきではありません。

◉3　コミュニケーション対策

電話代を節約するために、私が試みていることがあります。誰かに電話をする前に、**「なぜ電話をするのか？」と理由をメモに書きます。**これでムダな話を避けることができ、用件を話し終わったら通話を終えることができるようになります。この方法で、通話料金を約半額にすることができました。

あなたも生活の中で出費が多い3項目を選び、それについて考えてみてください。

プランを立てる

ここまでで、経済的な予備が必要な理由、必要な金額については、確認できたと思います。どうやって節約するかもわかってきたのではないでしょうか。

最初の経済目的にたどり着く前に、予算プランを立てる準備はできましたか？　まずいくら必要か決めてください。そして、それをいつまでに貯められるか考えてみましょう。

月毎の節約額：＿＿＿＿＿＿＿円

いつ予備額を貯め終えられるか：＿＿＿＿＿＿＿日

経済的予備についてのまとめ

- 経済的な予備金は、できるだけ早く準備する必要があります。
- 予備額を準備することは最低目標であり、この金額は必ず必要
- 自分のため、健康のため、家族のため、自尊心のために必要
- 何が起ころうと、これで経済的には保護される
- 予備金は確実かつ、簡単に手が届くところに保管する
- 同時に予備金は裕福の基盤となる
- これで最終的に自由への最低基準をクリアできる

もっと稼ぐか、もっと節約する

もっと稼ぐかもっと節約するか、どちらがいいですか？　もっとも3つ目の可能性もあります。

ベンジャミン・フランクリンが非常に適切に言っています。

「幸福になるには2つの道があります。自分の希望を減らすか、手段を増やすことです。どちらをとっても結果は同じです。各人それぞれがどうしたいか決めて一番いい方法を実行すればよいのです。もし病気であったりお金が足りなかったら、いかに大変でも自分の希望を減らすほうが、たくさん稼ぐより簡単です。

もし活発に動け、健康でかつ裕福であれば、稼ぎを増やすほうが希望を減らすより簡単かもしれません。しかし賢いのは、若くても年を取っていても、裕福でも貧乏でも、病気でも健康でも、両方を同時に行なうことです。そして一番賢いのは、これが社会に幸福をもたらすような方法で行なうことです」

自分に合った方法で、稼ぐ、節約するという両方を行なうようにしてみてください。少なくとも経済的な予備金を貯め終えるまでは続けましょう。そうすれば、目標の50％は達成したようなものです。

これ以降に起こることは比較的簡単に解決できます。初めはいつも大変です。自分の信念や習慣を変えなければならないからです。

簡単なことは最初が難しく、大変なことは後になって簡単になります。節約するのは大変ではありませんが、新たな習慣を始める必要があるとすると、少なくとも最初はかなり違和感があるかもしれません。

節約したお金を賢く投資するのは難しいものです。しかし、簡単にできるオプションもあるでしょうし、事情に詳しい知人やコンサルタントを見つけて、自分の習慣を変えることもできるので安心してください。

予備金は、リスクより安全性を重視

集めた資金の扱いにはプランと哲学が必要です。投資のプランは、もうひとつのプランを立てた後の3つ目のプランとして、この章の最後で扱います。

それでは、まずここで基本を押さえましょう。第6章の借金について書いた部分を思い出してください。約250万円の資金は、少なくとも一部はすぐに手の届く所になくてはなりません。この資金の一部は予備金として銀行の貸金庫に預けるとします。残りはすぐに手が届くような投資に使います。いずれにせよ、このお金は絶対に確実なことに運用しなくてはなりません。リスクを避けると利益は少ないですが、ここで一番肝心なのは経済的な安全を確保することです。ですから、このお金は絶対の非常時以外には触ってはいけません。投機に使うなどもってのほかです。

投資は毎年リターンがありますが、投機は別物で、売らないと利益は出ません。それまでは利益はありません。持ち家や高い時計は投資ではなく投機です。

コカ・コーラ社に見る予備金の重要性

昔は、借りたお金を返さないのは犯罪でした。古代バビロニアでは、返済できない人は奴隷として売られました。しかし今日では、コカ・コーラの成り立ちの話で明らかなように、経済的な予備がない人は罰せられます。

ジョン・スティス・ペンバートン博士は砂糖、水、コカの葉、ナッツとカフェインを混ぜてエキゾチックな飲み物をつくりました。そして、頭痛、ヒステリーやメランコリーなどの神経系の病気を直す飲み物とうたい販売しました。買った人は素晴らしい気分になれました。

ペンパートン博士は1年目に73・96ドルの広告費を費やしました。売れた製品は50ドル分だけでした。続く5年間にもこの比率は特に変わりませんでした。資産が足りなくなった博士は、このレシピを2300ドルでアトランタの薬剤師に売りました。

キャンドラー（ザ　コカ・コーラ・カンパニー初代社長）は十分なマーケティング資金を持っていました。11年後には、彼はコカ・コーラ社とレシピを2500万ドルでアーネスト・ウッドラフに売りました。ウッドラフは銀行家で会社を株式会社に変え、1年目には4000万ドルの株を売っています。買値を引いて1500万ドルの利益があった計算になります。

1929〜1937年は世界恐慌でしたが、それでも資本に投資をする人はいました。1932年に1株20ドルでコカ・コーラの株を買った人は、1937年には160ドルで売ることができました。

皆が世界の終わりと言っていたときにも、5年間でお金を8倍！ にした人がいることになります。**両者の違いが何かと言えば、お金を所有していたか否か**です。お金を指の間から流してしまうことはやめ、持ち続けましょう。

予備金をすぐに集め始めるのは大変かもしれません。しかし、この予備がなければ、裕福にはなれないと想像いただけると思います。

この予備金で夢の経済的目標の基礎ができ上がります。もし、750万円が予備費として必要で、これを15％で20年間投資すれば、約1億2000万円になります。この割合（％）は過去に実際に存在した利回り率です。

もし、この20年間に追加で月に7万5000円ずつ節約して、年に12％で投資をすれば、さらに6500万円になり、合計1億8500万円になります。

これは十分な金額でしょうか？ これで、あなたの夢はかなえられますか？ あなたにとっての経済的な自由はいくらあれば達成されますか？ これについて考える前に、まず経済的保障について考えましょう。

【第2段階 経済的保障】

ここからは、経済的保障についてお話ししていきます。

ひとつ目の目標である、経済的予備金の確保には、いくつものメリットがありました。危機が起きても乗り切れますし、保護されているという安心感があります。予期しない事態にも備えられます。

しかし、緊急時にはお金をすべて使ってしまうというデメリットもあります。経済的な危機自体は避けられても、資産はなくなってしまいます。十分に資産を持って利子で暮らせるようになってはじめて、経済的に安全だと言えます。

では、経済的保障を確保するにはどうすればいいのでしょうか。まず、必ず払わなくてはならない項目をリストアップします。今の時点では、まだ夢の実現への大きなプランを作成するのではなく、まず経済的な保障を考えましょう。何が起きようと心配をすることなく生活できるようになるためです。自分のマネーマシンを持ち、金の卵を産むガチョウを育てましょう。

次の月毎の出費をリストアップしてください。

1 ローン、家賃：　円
2 食費、家計費：　円
3 自動車：　円
4 保険：　円
5 税金：　円
6 維持費：　円
7 コミュニケーション（電話等）：　円
8 返済金：　円

9　その他：　　　　　　円
10　予備資金（休暇、旅行、大きな買い物）：　　　　　円
11　セミナー等　教育費：　　　　　円
12　寄付：　　　　　　円
合計額：　　　　　　円

資産はいくら必要？

これで、ある程度普通に暮らすために月毎に必要な経費がわかりました。金の卵の大きさがわかったことになり、これでどんな大きさのガチョウを飼えばいいのか想像できます。

他の言葉で言えば、リストアップした金額を払うために毎月十分な利子を生み出す、十分な資産が必要だということです。この資産を、どんな利回りで投資するか、が問題になってきます。ここでは保障を求めているのですから、慎重に、８％と考えてみましょう。計算式は次の通りです。

毎月必要な金額　×　１５０　＝　必要資産

もしAさんが、月に20万円の必要出費があるとします。20万円×１５０＝３０００万円です。

月に20万円を賄うためには、3000万円あればガチョウを殺すことはありません。3000万円にはまるきり手をつけることなく、金の卵を生産することができます。これで毎月の請求書を支払うことができ、さらに旅行のためにお金を使うこともできます。

この3000万円がAさんの経済的保障です。この資産で生活ができるため、理論的にはもう働かなくてもよくなります。

あなたにとっての経済的保障額はいくらか計算してみましょう。

必要出費月額　　　　　円×150＝　　　　　円

もしこの額を今持っていたら、何ができるか考えてください。いくつかアイデアの助けになる質問を挙げます。

もし、余命6カ月と宣告されたとします。何をしますか？　どこに行きたいですか？

誰と一緒にいたいですか？　後世に残るような何を生み出したいですか？

永久に生き続けられる人はいません。**自分が本当に重要だと思っていることの実行を妨げているのは、お金以外に何があるでしょう？**

お金を尊重しないと、いかに危険かわかっていただけたのではないでしょうか。陽の当たる生活ができるようにするのは、あなたの義務です。

あなたが先ほど書いた金額は、人生に決定的な違いをもたらします。このお金があれば、自分の毎日の生活リズムが変わるからです。

余命6カ月と宣告されたとき、あなたは今の職業でこのまま働きたいですか？

ある日、アッシジのフランチェスコが草刈りをしているとき、修道士が聞きました。

「もし、あと1時間の命とわかったら何をしますか？」

フランチェスコの答えは「草刈りを続けます」でした。なぜなら、今やっていることが一番やりたいことだからです。答えは「早く草刈りをします」「草刈りをやり終えます」ではなく、単に「草刈りを続けます」だったのです。

自己資産はいらないと思う人以外は、自分のしたいことをできるようにするために、保障となる金額をできるだけ早く集めましょう。

あなたには裕福な生活を手に入れる義務がある

人が一番やりたいと思っていることをできない理由は、残念ながらお金がないからです。

私たちは、自分が好きなことをするのが一番ふさわしいのです。自分が興味を持ち、楽しいと思えるプロジェクトに長い間携わっていない人は、自分が大きな可能性を秘めていることをわかっていません。

決定的な一歩を踏み出せず、自分が楽しめる任務に就けないのは、**すべてお金のせい**なのです。

経済的な保障についてのまとめ

経済的な保障をできるだけ早く確保しましょう。

- 経済的な予備ができたら、それ以外に費やせるすべてのお金を経済的な保障のために投資する
- 経済的な保障があってはじめて、資産に手をつける必要がなくなる
- 経済的な保障があれば、好きな所に住み、好きなことをして、さらに請求書を払える
- 経済的な保障があれば、自分が楽しいと思い、自分の才能に合ったことのみすることができる
- 「節約ができない人は理性があって賢いと呼ばれる権利がない」W・クレメント・ストーン（博愛主義者、ナポレオン・ヒル財団初代理事長、世界最大の損害保険会社エイオン・コーポレーション名誉会長）
- 2つの可能性

1　時間をかけて、20年後に楽にお金持ちになる

2　第7章で解説したように働き、収入を何度も倍増させる。そうすれば7年後には目的に達することができる

第5章で見てきたように、資産を築くにはプロの方法とアマチュアの方法があります。アマチュアの方法は短い幸福を得るためのものです。プロの方法は逆に、長期的な幸福を得るためのものです。

今まで述べたように、経済は人生の多くの分野に影響を与えています。

アマチュアは今に集中し、将来の生活について考えていません。だから、いつも同じ問題に悩まされているのです。賢く節約して、経済的な心配を根本的になくすのを怠ったからです。

プロはアマチュアとは異なり、今を生きて、将来に備えます。まず自分に支払う、お金のプロになりましょう。

ここまで読んできたあなたは、もう言い訳できません。自分で責任を持ち、人生をコントロールしましょう。

自分の信念を変えることも、新たな態度を身につけることも可能です。それでは、あなたの夢について考えましょう。

【最終段階　経済的自由】

ここからは、あなたの夢のためのプランを実行する方法をご紹介していきます。つまり、経済的自由についてお話ししていきます。

ほとんどの人が夢を実現できないのは、「自分が何をやらなければならないのか」を考えていないからです。夢をかなえるために差し出すべき対価がわかっていないのです。

自分の資産には、絶対に手をつけてはいけない！

まず、重要な基本事項を明らかにしましょう。**ガチョウを殺してはいけませんし、部分的に切り分けてもいけません。** 資産には絶対に手をつけてはいけない、ということです。夢の達成は金の卵で行ないます。そのためには、夢に見合った大きさの卵が必要になります。

経済的な自由を手にしていれば、家を買いたい場合、自分の資産で無理なく購入できます。しかし、それによって資産は減ってしまいます。ですから、大きな買い物は分割払いで買い、月毎の利子収入で返していきましょう。

夢の対価

経済的自由を達成するために必要な金額、夢の生活を実現するための金の卵の大きさを確認するためにリストをつくっていきましょう。

【1】自分の希望をすべてリストアップしてください。実現可能かどうかは考えないでください。自分の希望を知り、いくら必要かを確認するための必要なステップです。

【2】リストができたら、項目毎に大体いくら必要か書き出しましょう。

【3】資産には手をつけないということを忘れずに、大きな買い物は分割払いで買います。この分割払いが月にいくらになるか計算しましょう。簡単にするために、不動産なら120で割り、それ以外は50で割ってください。

1億3000万円の家を買うとします。これを120で割ると108万3300円で、これが月毎の利息と返済額4～6%となります。さらに、2400万円のボートを買うとします。50で割った48万円が、5年以内の利息と返却額の合計月額となります。

もし旅行が好きで、年に何回か行くために合計350万円必要だとします。これを12で割ると29万1600円になります。これを旅行のための月額として、確保しておく必要があります。

【4】経済的自由に到達したとしても、必要な毎月の経費を挙げてください。経済的予備金として挙げた金額を参照にしましょう。この必要経費も利子収入から出します。気をつけなくてはならないのは、この金額は経済的自由にたどり着いたら生活水準の上昇でかなり上がるということです。

それではあなたのリストをつくり始めましょう。月毎に必要な金額も計算して、ご記載ください。

夢の生活実現リスト

夢の項目	合計金額	月毎の支払い金額
家		
別荘		
車		

月合計　夢実現金額	円

次に月毎の必要経費を挙げましょう。

項目	必要経費（円）	
1　食費、家計費		
2　従業員経費		
3　自動車		
4　保険		
5　税金		
6　コミュニケーション(電話等)		
7　休暇、旅行		
8　小さな買い物		
9　エンターテインメント		
10　プレゼント		
11　セミナー等　教育費		
12　寄付		
13　その他		

月合計　必要経費	円
月合計　夢と必要経費（経済的自由金額）	円

これで、夢の生活に必要な金額がわかりました。夢の生活を実現する金の卵の大きさはこれです。それでは、そのためのガチョウの大きさを計算しましょう。すべての項目を十分に賄えるだけの金額を生み出す資産を、正しく運用する必要があります。ここでもまた年に8%（月0.67%）で計算してみましょう。先に計算した月合計額に150を掛けます。

[　　　　　　　　円] **× 150 =** [　　　　　　　　円]

これで、夢の生活に必要な金額がわかりました。夢の生活を実現する金の卵の大きさはこれです。それでは、そのためのガチョウの大きさを計算しましょう。すべての項目を十分に賄えるだけの金額を生み出す資産を、正しく運用する必要があります。ここでもまた年に8％（月0・67％）で計算してみましょう。先に計算した月合計額に150を掛けます。

＿＿＿＿＿＿円 × 150 ＝ ＿＿＿＿＿＿円

これで希望の生活に必要な金額がわかりました。さあ、それでは目的に向かって何にこの金額を投資すればいいのかを考えましょう。

それぞれのプランに投資策が必要

ここまでで、あなたは3つの異なった経済プランを立てました。それぞれのプランに異なった投資策が必要になります。

◉リスク抜き　経済的予備段階

最重要点は、経済的自由を実現するために必要なお金を得ることです。ですから、お金を貸金庫に保存するか、キャッシュファンドに投資しましょう。経済的予備額に達するまではリスクの高い投資は避けましょう。いずれにせよ、色々な所にリスクを分散して投資してください。もし10万円が所持金のすべてだとしても、唯一の預け先にすべてのお金を入れてはいけません。お金の分散が利益を増やすチャンスを上げる、ということを忘れないでください。

予備金を貯える一番の目的は安全を確保するためです。リターンが少なくても我慢して、お金の一部は銀行の貸金庫に保管しましょう。どうしてもファンドに投資したければ、安全確実プランをおすすめします。

◉40―40―20 経済的保障段階

経済的保障を確立するためには、お金の分け方を変えなければなりません。

40%をリスクの少ない投資に回し、さらに40%をミドルリスクの投資に使います。長期間預けることと、ドルコスト平均法によってリスクは大幅に減ります。

残りの20%は比較的リスクの大きな投資をしましょう。投機的なファンド、たとえばエネルギー市場ファンド、カントリーファンドなどの特殊な企業が関わっているファンドなどがこれに当たります。ここでも、投資期間が長くドルコスト平均法効果があることでリスクは減ります。この20%はリスクが高い分、リターンがかなり大きくなります。

重要なのは、経済的保障のためのお金は、ハイリスクな投機には使わないことです。このお金は減らしてはなりません。この資金の目的は保障ですから、安全を揺るがせてはならないのです。

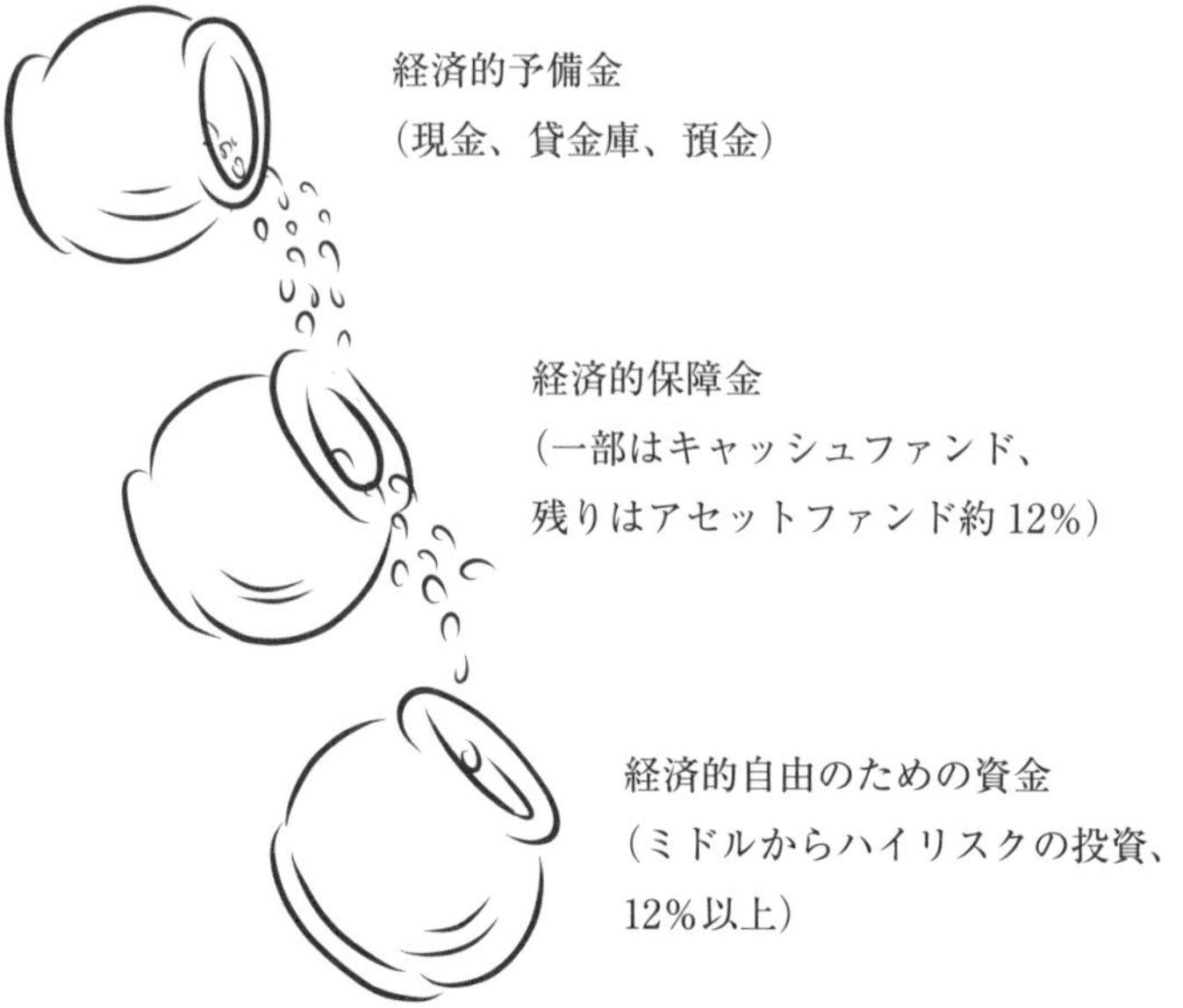

◉50％ミドルリスク、50％ハイリスク　経済的自由段階

経済的保障に必要な額を確保したら、お金の一部を経済的自由到達のために投資しましょう。

ここではリスクの大きい対象に投資します。12％以上の利子がある投資対象を探し、いくつかが損をしても利益が高かった分で取り戻します。見返りが多い投資を狙うほど、自分でアクティブにその投資に関わる必要があることに注意してください。

もしうまくいかなかったとしても、経済的な保障分のお金はなくならないので安心してください。

3つの金壺を例に、ここまでの話をまとめます。まず、ひとつ目の壺（経済的予備分）を水（お金）でいっぱいにした後に、次の壺を満たすことに取りかかります。

２つ目の壺（経済的保障分）からあふれた水を３つ目の壺を満たすために使います。これで、保障分のお金を失うリスクを負うことはありません。

この投資哲学に沿えば、間違いはありません。安全サイドにいながら、同時に自分の夢（経済的自由）を実現させる可能性が高まります。

目的設定ができれば、道を半分来たようなもの

決定的な一歩を踏み出すときが来ました。自覚を持って、決定を下してください。

あなたは、本当に経済的な自由に到達したいと思っていますか？

そのために、責任を持てますか？

自分が書き込んだリストに基づく経済的なデザインを、何度もビジュアル化して、実行する決心はついていますか？

自覚を持って決心をするまでは、続きを読まないでください。

決定を下したら、今まで読んできたことをすべてやり遂げなくてはなりません。自分の信念を考えることから始めて、この目的に到達できなかったときの痛みと、到達したときの喜びをイメージしましょう。

自分が「なぜその人生を送りたいのか」という理由を明確にしてください。そして、毎日ベストを尽くしましょう。

常に、お金の知識を学びながら成長しなくてはなりませんし、110％の力を出さなくてはなりません。自分がなり得る限りのベストな人間となるために、全力を尽くさなくてはいけません。

本当にそうしたいですか？　裕福で幸福になるために、犠牲を払う準備はできていますか？

本当に決心がついたら、これからはベスト以外では満足しない、と自分に誓ってください。

目的を決定してプランを紙に書き上げたら、これで道の50％は達成したも同然です。私はこの経済的自由をつかむ戦略を、初めて聞いたときには信じることができませんでしたが、でもこれは実際に正しかったといまでは確信しています。それには4つの理由があります。

◉理由1　目的は「チャンスに対する認識を拡大する」

自分で責任を持つと自覚したことで、自分の人生で携わる人間を違う目で見るようになり、どんな状況にも何らかの意義を持たせることができるようになります。

あなたは常に、「これは私の目的にどう役立つだろう？」そして、「どうすればこれをすぐに実行できるだろう？」と考えられるようになります。自分の目的を具体的に言い表せば表すほど、次の2つの決定的な質問を繰り返すようになります。

「これは自分にとって何の役に立つだろう？」「すぐに行動を起こすにはどうすればいいだろう？」

◉理由2　目的は「解決の方向を示す」

多くの人は、問題が起きるとそれについて長時間考えて時間をムダづかいしています。目的を持った人に、そのような時間は不必要です。目的に近づくためにいつも解決法と道を探していきます。目的に集中しているのです。そして、自分の目標に目を向けていれば、不安がわくことはありません。

◉理由3　目的は「勝つためにプレーをさせる」

負けないためにプレーするのと勝つためにプレーをするのでは結果は大違いです。尊厳のない最低生活を送っていては、大きな目標は達成できません。最大限、力を尽くし、勝つために生きましょう。

◉理由4　目的を持てば「すべてが重要」

目的のない人は、ちょっと悪いことがあっても、大して気にしません。目的のある人にとっては、どのような小さなことでも重要です。

自転車競技選手を例にとってみましょう。

「1キロぐらい太りすぎても害はない」と考えると思いますか？　プロの選手は絶対にそう考えることはありません。なぜなら、増えた1キロが山道で決定的な遅れを生むと心得ているからです。

目標を決定した瞬間に、すべての物事が重要なことになります。あなたの行動はすべて、目的に近づくものでなければならないからです。

先ほど述べたように、自覚を持って決定することが大前提です。「後で決めてもいいかな……」という人は、自分に嘘をついていることになります。

もし、今決定できないのであれば、それは経済的自由を手放したのと同じです。今までと同じでいい、目的から離れてもいいと、何も変えないと決定したのです。あなたは、今すぐに決定しましょう！

経済的自由に到達できなければ、充実した生活は送れない

経済的自由に到達するのは大変です。しかし、到達しなければ、生活はもっと大変です。一生懸命頑張るのは大変ですが、ゆっくり死ぬのはもっと大変です。ベストを尽くしてこそ、経済的自由は手に入ります。

経済的自由への到達は簡単ではありませんが、充実した人生を送るためにはこの道を進むしかありません。

ハインツ・ケルナーは『Johannes』という本にこう書いています。

「誰もが心の奥深くで泥沼から這い上がり、陽の下で暮らす可能性を感じている。しかし太陽と自由に対する不安、自分の可能性への不安が、慣れ親しんだ環境から離れるのを妨げている。

身動きができず、悪臭、暗闇と泥沼を我慢できるかのように見せかけている。その間、毎日毎日少しずつこの泥沼にはまり込んでいく。そこで過ごす日が増えるほど離れるのが難しくなる。

そう、そして誰もがどうすればこの悪臭を抑えて、汚いどろどろの泥沼を我慢し、徐々に沈んでいく時間をいかに耐えるかを考えている。しかし、もっとよくわかっている人は責任を負い、陽の当たるところへの道を探す」

満足感と快適さが、成功者とそれ以外の人の人生に差を生みます。**現状の快適さ、現状への満足に**

屈してはなりません。

夢を見ているだけでは、より良い世界は実現できません。自分でできる限り行動をしてはじめて夢は実現します。自分の才能と可能性に責任を持ち、夢を実現させましょう。

泥沼のない世界を夢見るのではなく、夢を実現することが重要です。言ったことを実行する誠実な人間、夢を現実化する人間になってください。

不安はアドバイザーとして不適格

なぜ、多くの人が夢を実現できないのでしょうか。

その理由は、不安にあります。間違いや他人の前で失敗することへの不安、自分と他人を失望させてしまうこと、間違った決定を下すことへの不安です。

失敗は存在しません。もう一度繰り返します。**失敗は存在しません。**

アメリカのショーマスターのオプラ・ウィンスリーは言いました。

「私は失敗を信じない。それをするのが楽しかったなら、失敗ではないから」

失敗ではなく、存在するのは結果です。この世界のほぼすべての成功は、失敗から生まれたと言っていいでしょう。

失敗や間違いについてのイメージを変えましょう。なぜなら、これが多くの人々にとって勝者として世界に出ていく妨げとなるからです。

ドイツ一のサッカー選手は一番シュートを外していた

あなたは、失敗への不安を抱くことなく、行動しなくてはなりません。失敗をしない人間になるのではなく、あきらめない人間になるべきです。

先にも紹介しましたが、「会社で出世するにはどうすべきか？」と聞かれたＩＢＭ創始者のワトソンSr.は、「失敗の数を倍にしなさい」と答えています。

成功した人の人生を学ぶと、たくさんの失敗談が出てきます。トーマス・エジソンは電球の発明者として知られています。約９０００回の失敗をした後に、友人がこう聞きました。

「本当に1万回失敗したいのか？」

エジソンは、「失敗はしていない。毎回、どうすれば電球が完成しないかという新しい方法を見つけただけだ。実験すればするほど発明に近づいていくんだ」と答えました。

ゲルト・ミュラーはサッカーのドイツ代表選手として一番多くゴールを決めた人として有名です。彼がそれ以外にも統計で一番を記録しているのは、ゴールに入らなかったシュートの回数です。

あきらめてしまった人は失敗者として記憶されてしまいますが、最後まであきらめなかった人は、優れたパーソナリティーの持ち主として後世に名が残ります。失敗を避けるのではなく、自分の道を何にも、誰にも妨げられないようにすることが大切です。

他人は一時的にあなたの動きを止めるかもしれませんが、永久に止めてしまうのは自分自身です。

億万長者になる可能性の高い2つの特徴

本当に経済的自由に到達したいですか？

この質問に答えるために、億万長者になるチャンスについて考えてみましょう。ドイツでは億万長者の分布は次の通りです。

・74％　事業家
・10％　トップマネージャー（特に取締役等）
・10％　自営業者（主に医者、建築家、弁護士）
・5％　セールスマン
・1％　その他

これには2つの特徴があります。まず、**自営業者か企業の取締役でなければ、億万長者になる可能性は低い**ということです。

2つ目の特徴は、**事業家であれば経済的に独立できる可能性が高い**ということです。自立するのはデメリットもリスクもありますが、億万長者の4分の3は事業家です。

世界一のお金持ちだったポール・ゲッティも「いくつかの例外を除けば、資産を築く唯一の道は起業家となることだ」と言っています。

経済的自由を手にするには、ちょっと節約して投資するだけでは足りず、さらに色々なことをする必要があります。正しい方向に向かうだけではなく、正しい方向に飛び込む覚悟が必要になります。

失敗やリスクへの不安から、最低限のことしかしないような生活を送ってはいけません。すべての力を出し尽くしてこそ、幸せになれるのです。

リスクを負わない人は何もせず、何も持たず、何者にもなれない

私の最後のコーチは言いました。

「もし定期的に失敗をしないなら、それは、十分にリスクを負って最大の努力をしていない証拠」

コーチは、あなたの可能性を最大限に引き出してくれます。リスクを負うようにすすめます。たとえば、「リスクを負わない人は何もせず、何も持たず、何者にもなれない」と、あなたを励ましてくれます。

成功への道は、失敗を通ることでたどり着けます。失敗を恐れずに前進することで、はじめて人生が切り開かれていきます。

経験のすべてに意義があります。経験や体験は、あなたの課題解決につながるのです。失敗はすべてあなたの助けとなります。

不安を感じても、学び続け、成長し続けてください。その姿勢が、自分の希望を叶えるのです。

ボード・シェーファーからのマネーアドバイス

今ここで、経済的に自由に生きたいかどうか決定しましょう。

- ベスト以外では納得しない
- チャンスの認識を拡大する
- 勝つためにプレーする
- 些細なことにも意義を持ち、すべてが重要なことだと認識する
- なり得る限りベストな人間になる
- 失敗を恐れない
- 本当に裕福になるためには自立する必要がある

決定を下しましたか？

次の章では、挫折することなく経済的自由に到達する方法をご紹介します。自分を助け、最大限に支えてくれる環境をつくるにはどうすればよいかを学びましょう。

経済的自由を手にするための指針

- 予期しない事態が起きるのは確実
- 経済的予備金を自分の健康、感情的な満足感、家族のためにできるだけ早く準備する
- 経済的保障で強いポジションを持てる
- 事故や運命的打撃は誰にでも起こり得る。しかし、そのような事態に尊厳を保って対応できるように準備が可能
- 経済的保障を確立する前に予算プランを立てる
- 「もう一度やり直すとしたらすべて同じようにするだろう。唯一の例外はもっと早く良いコンサルタントを探すこと」（オナシスでさえコンサルタントを早く持っていればよかったと言っている）
- 幸福になるための道は、希望を減らすか手段を増やすかの2つある。
- 賢い人は同時に両方を行なう
- 自分の資産の利子で月毎の出費を賄えてはじめて経済的に保障されているといえる
- 自分が好きなことをするのが一番自分にふさわしい

●自分が興味を持ち、するのが楽しいと思えるプロジェクトに長い間携わっていない人は、自分にどれくらい可能性があるのかを分からない

●現在を生きて将来に備えるお金のプロになる

●経済的予備を確保するにはリスクの少ない投資をする。経済的保障には長期的に12％のリターンを超える投資を探す。経済的自由には、経済的保障以外の資金からミドルリスクとハイリスクの投資をする

●経済的自由への重要な第一歩は意識的な決定を下すこと。今ここで決定できないなら、今までと同じように生きると決定したこととなる

●目的を書き出し必ずそこに到達すると決定したら、道の半分を来たも同じ

●1　目的はチャンスに対する認識を拡大する／2　目的は解決の方向を示す／3　目的は勝つためにプレーをさせる／4　目的を持てばすべてが重要なことになる

●満足状態にとどまってはいけない

●失敗をしない人間ではなく、あきらめない人間になる

●他人は一時的に自分を止められるが、永久に止めるのは自分だけ

●規則的に失敗をしない人は、十分にリスクを負ってベストを尽くしていない

第13章

コーチとエキスパートネットワーク

「何百人もの人がその場でとどまってしまっているが、それは自分の決定だ。もし周りに貧乏な人しかいなければ、その人も貧乏で終わってしまう。そして一生そこにとどまり、嘆き続けるだろう」

リチャード・デ・ボス（アメリカの実業家、アムウェイ創業、NBAマジックのオーナー）

この本を読んだだけでは裕福になれません。できるだけ早く行動を起こさなければいけません。一番重要なのは、自分が成功をしなければならない状況をつくり出すことです。

多くの人が、目の前のことに対応するだけで1日を終えてしまいます。お金を増やすことなど考える暇がありません。

問題は成長への糧となることは確かなのですが、実際に問題が起きたら話は別です。問題はたいてい一番不適切なタイミングで起き、心に痛みを与えます。

もし、問題が山積みになってしまえば、いかによい目標も忘れ去られてしまいます。

周囲の人に注意！

目標を思い出させてくれるような環境が必要です。

今、あなたの周りにいる人は、目標を思い出させてくれますか？　もしそうでなければ、理想的な環境に身を置けていないということです。

「誰とつき合っているか言ってごらん。そうすればあなたが誰か当ててあげよう」ということわざもあります。人は自らを過大評価する傾向があります。自分は強いから、友人や周りの人から影響を受けることはないと思い込んでいます。

しかし、人間は小さい頃から周囲の人を真似しながら成長していきます。**無意識に知人や友人から大きな影響を受けているの**です。

あなたは机の上に立っているとします。

力の弱い知人に机の前に立ってもらい、力比べをします。あなたは机の上に知人を引き上げようとし、相手はあなたを机から下ろそうとします。

どちらが勝つと思いますか？

物理の法則から考えると、引っ張り下ろすほうが引き上げるより簡単です。

多くの場合、上の人は勝つことができません。下の人はぶら下がるだけで、あなたの力が消耗するのを待てばいいのですから。

自分より貧しい人に囲まれていれば、そこから動けなくなります。裕福な人に囲まれていれば、裕福になるものです。

成功の秘訣はコーチとエキスパート

必要なのはあなたの模範《もはん》となる、成功した人です。そういう人を観察し、分析し、真似しましょう。成功した人は、必ず自分の模範となる人がいます。

成功するために真似をするテクニックはスポーツに由来し、「モデリング・オブ・エクセレンス（成功者の真似）」と呼ばれています。

模範となる人はすぐに見つけられます。**あなたが身を置く業界、分野で一番優秀な人材が模範となる人**です。その人に関する本や記事などの情報を集めましょう。連絡先を入手し、アポイントメントをとってみましょう。意外と簡単に会うことができたりします。

あなたに必要なのは、コーチかメンターです。成功している人の99％がコーチをつけています。私の最後のコーチは億万長者でした。このような人からは6カ月間ほどで、何十年分もの成功哲学を学べます。

あなたを引っ張っていってくれるような、エキスパートに囲まれることも重要です。エキスパートは自分に責任を持つというコンセプトを理解し、ある分野でトップになった人です。

自分より成功した人の言うことのみ聞けばいい！

自分の周りに必要なのはまずはコーチ、模範となる人、そして、エキスパートのネットワークです。自分より成功していない人が周囲にいても、その人たちから影響を受けてはいけません。自分の目的から遠ざかってしまう危険性が高いからです。そういう人に、あなたのプランやアイデアを反対されても無視しましょう。

成功する人は次のことに注意を払っています。

- 何も成し遂げていない人は他人に助言をする権利はない。そして、自分はその人たちに耳を貸す必要はない
- 周囲に成功した人がいれば自分も成功しやすい
- 裕福になるためには、お金を持つことに幸せを感じられなくてはならない。成功した人に囲まれているほうが簡単にそう感じられる
- 「統治者がどれだけ賢いか見分けるには、周りを囲んでいる人たちを見ることだ」（ニコロ・マキャベリ）
- 必要になる前から良いコンサルタントを探す
- 誰が何と言おうとも気にしなくなれば、あなたは何にも妨げられない

・自分がこうなりたいと思うような人にだけ質問をする

このような意見は、極端すぎると思われるかもしれませんが、正しいのです。

では、自分の家族やそれ以外の人たちには、どう対応すればよいのでしょうか。

もちろん、あなたの助けを必要とする人が周りにいるでしょう。そのような人たちの面倒を見るのは当然のことです。

これは、周囲に成功した人ばかり集めるというコンセプトとは相反していると思われるかもしれません。昼と夜、夏と冬、雨と晴天があるように、自然の中では相反する対象が全体を成しています。相反する対象同士が、それぞれを補っているのです。

成功していくほど、他人を助けることができると考えてください。自分の成功と富を、それを持ち合わせていない他人に分け与えることほど、充実感を得られることはありません。しかし、役割を間違えないでください。自分が誰かを助けたからといって、その人からの助言を聞き入れる必要はありません。

コーチから教わったお金の術

以前、私は1年間のクリエイティブ休暇を取り、普段、仕事に追われて手をつけられなかったテーマを考えるために時間を費やしました。その休暇をとったことで、「情熱と熱意を満たしてくれる、自分にしかできない役割を果たしたい」という要求が私の中でわき上がってきました。

最終的に、私の役割とは、多くの人にお金を増やす術を伝えることだと認識しました。このメッセージをより効果的に伝える可能性を探そうと思いました。そのためには、自分自身をより高いステージに引き上げなければならない、と考えました。そのため、コーチを探し始めたのです。

ある日、私はロンドンで、アメリカ人の億万長者が講演するセミナーに参加しました。この人は1000ドル未満の自己資産で石油会社を設立し、8年で資産を8億ドルにまで築き上げていました。

講演では、他人の資産を活かして大きなアイデアを形にする方法、が語られました。石油が1バレル当たり40ドルから8ドルまで下がったときには、自分の石油会社のために10億ドル以上の貸付をしたそうです。それ以来、このシステムを幾度も他の分野の会社に利用して成功しています。

講演を聞いている間に、この人にコーチになってもらおうと決心をしました。昼休みに一緒にランチを取り、最後には電話で話をさせてもらう約束をとりつけました。

指定の時間に電話をしたところ、取り次いでもらえません。その後も、何度か電話をしましたが、取り次いでもらえませんでした。7度目の電話でようやく本人と話すことができ、「2日後の18時に私の所有するスコットランドの城に来るように」と言われました。

城に着くと個人秘書に出迎えられ、部屋に通されました。2時間後にようやく本人と会えましたが、彼は機嫌が悪く、それを隠そうともしません。

「なぜ、日曜の夕方を君のために使わなくてはならないのかね?」と聞かれました。

衝動的にすぐに帰ろうかと思いましたが、私はこの人から学びたいという一心で訪問したのです。それゆえ、彼がなぜこう言ったのかを考えました。もしかすると、私に対するテストかもしれない、もしかするとどれだけ根性があるか見ようと思っているのかもしれない、と考えました。

実際に、かなりの忍耐力と厚かましさが必要でした。数時間にわたり、傷つくような質問や侮辱を受けました。実は、彼は「なぜ私が過去数年間、人生をムダにしてきたのか」を知ろうとしていたのです。

最後に彼は、自分の人生についていくつか話してくれました。夜中の2時半に彼は突然私を指さし、「よし、ボード、私に何を提供できるか、そして、私に何を求めているかを短くまとめて言ってみてごらん。10分あげよう。もし私が納得できたらそれでよし。もし、納得させられなければ、明日の早朝に静かにここを出ていくこと」と言いました。

私は彼を納得させることに成功し、合同で会社を創立しました。

もし、自分が何を求めているかを事前に明確にしていなかったら、コーチにはなってもらえなかったでしょう。私は自分の希望を書き出し、ビジュアル化していました。6カ月のコーチング期間で、非常に有効なハイファイナンスについて学ぶことができました。

私のお金についての知識の大半は、コーチとなってくれた数人の人々から学びました。基礎となったのは、節約と成功への原則を教えてくれた、私の初めてのコーチでした。

それまでの年収は5万ユーロほどでしたが、このコーチの指導で、2年半後には月に5万ユーロ稼ぐことができました。すべてのコーチに感謝をしています。

メンターの探し方とつき合い方――簡単で実用的な17のヒント

私の最後のコーチは、どうして石油の知識なしに、8年間で石油会社の価値を8億ドルにまで上げて、売ることができたのでしょうか?

それも、素晴らしいメンターを持っていたおかげなのです。彼はアリストテレス・オナシスの長年の友人で、オナシス海運会社の最高経営責任者だったコンスタンティン・グラッツォスの下で学んでいます。

短期間で大量の知識を吸収するには、コーチが必要です。

それでは、ここからメンターを見つけて、その人と一緒に働ける、簡単で実用的な17のヒントをご紹介します。

◉1　なぜ、メンターが必要か書き出す

なぜ、メンターが必要なのか書き出してみましょう。

メンターはじっくり探しましょう。自分よりかなり成功している人か、自分が求めているものをパーフェクトに教えてくれる人を、時間をかけてじっくりと探してください。この人を信用できるか、この人と一緒に働くことが可能か、と自問しましょう。

コーチングを受けるのなら、完全にコーチを信頼できなければなりません。ハードな試練も乗り越

えなければならないからです。あなたがクリエイティブで粘り強ければ、コンタクトを取ることが可能でしょう。

ベストなコーチは、才能のある生徒を持っているということを忘れないでください。ベストな生徒こそが、ベストなコーチをつけることが可能なのです。

もし、メンターになってもらえなくても、あきらめないでください。最高のメンターに見てもらうには、自分にも資格が必要だからです。

いくつかの成功をつかんでいるか、魅力的なパーソナリティーを持っていなければ、その資格はありません。両方とも持っているのがベストです。自分が成長すればするほど、良いメンターに見てもらえるということです。

◉2 コーチへの対価

あなたは、メンターにどのような対価を与えられますか? メンターのために何ができるでしょうか?

まずは、自分の強みを明確にしなくてはなりません。一番良い方法は、毎日成功ジャーナルをつけることです。

魅力的な対価を与えられる人ほど、良いメンターとつながることができます。

◉3　良い理由と熱意

自分のアイデアを大きな熱意と情熱を持って、メンターに提示しましょう。何を言うかはそれほど問題ではありません。どのようにして目的にたどり着くかは、メンターからの影響で変わってくるからです。そのために、メンターが必要なのですから。

メンターが知りたいのは、あなたがどの程度の決意をしているか、そして、なぜ目標を達成したいのかです。自分のアイデアの筋が良く、あなたが達成まであきらめないという覚悟を、伝えなければなりません。

メンターは、あなたがなんでもやり遂げる準備ができているか、を見たいのです。

◉4　耐久力

メンターになってもらえるまでには、何カ月もかかるかもしれません。事によると、最初のアポをもらえるまでに数カ月かかるかもしれません。しかし、あきらめずに、電話をし続けたり、手紙を書き続けたりすれば、いつかはメンターの心をつかめます。クリエイティブに考えながら、様々な手段でアプローチしていってください。

◉5　レベルの高いメンターはまずあなたを試す

スコットランドのお城で、私がメンターから最初に受けた扱いがどうだったか思い出してください。すべてはテストでした。

メンターの人格が、冷たくて無礼だと感じることもあるかもしれませんが、コーチする前にあなたに成功の素質があるか、をじっくり見極めているのです。そのため、メンターはわざと圧力をかけてきます。

プレッシャーがかかっているときほど、相手の素質をよく知ることができるからです。目標が高ければ高いほど、忍耐力と熱意と自尊心が必要です。必要なことはすべてやるという覚悟が必要です。コーチもそのような態度を見たいと思っています。

◉6　コーチはあなたの問題を解決するのではなく、強みを育てる

あなたのせいで、メンターとの関係を悪化させてはいけません。あなたと接することは楽しいと思ってもらえるようにしましょう。時間をかけて、あなたの強みを拡大させてもらうべきです。

また、大きな目標を達成したいと思っている人の人生には問題はつきものだと、メンターはわかっています。自分の問題は自分で解決できるという強みをメンターに見せましょう。

自分のプロジェクトに対する迷いを絶対に見せてはいけません。もし、あなたが不安そうにしていたら、メンターはコーチを引き受けてくれないかもしれません。

問題点の改善について話したければ、解決策を何個か提示します。そして、どの解決法が一番良いかを聞いてみましょう。

◉7　メンターにパートナーシップを提案する

メンターに、自分の会社とのパートナーシップを提案しましょう。自分の会社の権利の一部を分け与えるのは気が重いかもしれませんが、それ以上のリターンが期待できます。ビジネス上のパートナーシップは、メンターとの関係を強くしてくれることでしょう。

有名な人材とパートナーシップを持つことには、メリットがあります。あなたのプロフィールに、メンターの名前が入ることで、あなたの社会的信用はさらに上がります。

会社のオフィシャルレターにその人の名前が入ることで、たとえば銀行との関係が良くなったりします。銀行は、著名な人材と共同でビジネスをしているということで、自動的にあなたも信用のおける人物だと判断してくれるのです。

◉8　メンターの時間を尊重する

メンターの時間は高価です。

話をする前に、まずメンターに時間に余裕があるか確認をしましょう。どのくらいの時間がほしいのかも告げてください。ミーティングにかかると思われる時間を想定し、実際に会ったらその時間を守りましょう。

時間を取ってもらったことに対して、十分にお礼を言いましょう。メンターの時間は、あなたの時間よりずっと高価なのですから。

◉9　尋ねる内容を吟味する

あらゆることにおいて、自分で答えが見つけられるか、考えましょう。それから、メンターならどう答えるか想定します。

たいていの場合は、これでメンターへの不必要な質問を省き、有効な質問を投げかけることが可能になります。このプロセスを踏めば、自分で自分のメンターとなることも可能です。問題とその解決の提案を、同時に行なうことを習慣にしましょう。

◉10　すべてにオープンになる

何事もオープンにして、疑惑を持つことなく話を聞きましょう。メンターと、そのアイデアを信じましょう。

コーチングは信頼なしには成り立ちません。コーチの考えややり方が極端で、論理的ではないように感じられることもあるかもしれません。しかし、そのような考え方をするからこそ、コーチはあなたより成功をしているのです。

メンターのように考えられるように、学びましょう。これを学ぶのが早ければ早いほど、メンターとの関係がパートナーシップに移り変わるのが早くなります。

◉11　メンターの心をつかむ

メンターには、できるだけたくさんのプレゼントをしましょう。感謝の手紙を送り、メンターとの会話がいかに貴重かを伝えましょう。

メンターの心をつかめるかどうかはあなた次第です。

関係性が、自分の思い通りに発展していくように努力をしてください。一緒に食事に行ったら必ずごちそうしましょう。メンターが時間をとってくれたことへの感謝の気持ちを表してください。

何をプレゼントするかは、クリエイティブに発想して決めましょう。コーチの好みをこっそり調べてください。珍しい物を贈りましょう。

◉12 メンターからのメッセージにはすぐ対応する

メンターからメッセージを受け取ったら、できるだけ早く返事をしましょう。返事の早さでメンターを驚かせましょう。

返事をする必要が特にないようなメッセージにも返答してください。

たとえば、メンターに月曜日の10時に事務所に伺いますと連絡をしたとして、メンターの返事が「10時で了解、待っています」だったとします。これに対しても、アポを受け入れてくれたことに感謝の意を表明する返事を入れましょう。

◉13 メンターへのフィードバック

メンターは、自分の助言が成果につながったかを知りたがっています。ですから、現状を定期的に連絡しましょう。

できるだけ多くのフィードバックを与えてください。これで、あなたをもっと助けてあげようという気持ちがわいてきます。

指導通りにやって、何かうまくいかないことがあれば、それも報告してください。メンターは、あなたが指導内容を実際に行なっているか確認したいと思っているはずですから。

目標達成を確信していることも、定期的にコーチに知らせましょう。自分がいかに熱意を持っているか示しましょう。勝者を育てていると、コーチが確信できるようにしてあげてください。

◉14　成功が何よりの感謝

感謝の気持ちをコーチに示す一番の方法は、コーチの期待を上回り、信じられないほど成功することです。

コーチと自分のポケットが、お金でいっぱいになるように考え、行動しましょう。メンターの予想より早く、そして、より高レベルの成功をして驚かせましょう。

◉15　自分に忠実にメンターを真似る

学ぶということは、コーチのようになろうと努力することです。注意深く、しかし、緊張をせずに、スポンジのようにメンターの知識を吸収しましょう。

同時に、メンターに、あなたと一緒に働くのは楽しい、と思ってもらえるようにしましょう。メンターは、自分が楽しいと思うことを行なったことで、裕福になったということを忘れないでください。

本心で素晴らしいと思っている、メンターの良い点をできる限り褒めましょう。心のこもった褒め言葉を聞けば、うれしいはずです。

そして、コーチの真似をしましょう。すると、コーチのように感じたり、考えたりすることができるようになります。コーチの話し方や身振り手振りを真似すると、その人のことがよりわかるようになります。感情と動作は一体となってその人を形成していますから。

ただし、真似をすることは大切ですが、自分に常に忠実でいることも忘れないでください。

◉16 あら探しはしない

コーチは完璧な人間であるとは限りません。コーチに対する期待が大きすぎることで、関係性が壊れることは多々あります。完璧な人間はいません。コーチにも、短所も長所もあるということを忘れないでください。

コーチの長所に目を向けて短所は無視しましょう。重要なのは、コーチが完璧な人間であることではなく、あなたの長所を伸ばしてくれるかどうかです。

多くの成功者が、自分の考えを瞬時に変えることに驚かされます。

昨日はAが一番よい方法だと言っていたにもかかわらず、今日はBだと言い張るのです。よいメンターは、ある方法がうまくいかないと気づいたら、すぐにやり方を変えるタイプの人間です。成功に即した柔軟な考えの持ち主だからです。

また一方で、あなたは、成功が手に入ると実証済みのシステムを、他の人より忠実に守ることも大切です。

この両輪を駆使しながら、自分の道を進まなくてはなりません。最終的には、自分の人生には自分で責任を持たねばならないからです。

◉17　受けたものを返す

まだ成功していなくても、メンターが助けてくれるように、あなたも誰かを助けてあげることが可能です。よい生徒は、よいメンターになれるものです。メンターのように、あなたも人を助けてあげてください。

コーチの期間とエキスパートネットワークの設立

時間が経つにつれて、コーチと生徒の関係は友情関係に変わっていきます。そのうち、コーチと対等なパートナーになりたい、という希望を持つようになるでしょう。いずれにせよ、メンターとの関係が続いている間に、できるだけ多くのことを学びましょう。

いつの日か、コーチがあなたに「自立しなさい」と言うときがくるでしょう。そのときは、コーチを自分のエキスパートネットワークに組み入れましょう。

私は何年か前から、月にひとりは成功した人と知り合いとなるように心がけています。時にはすぐに共同で働く可能性が出てくることもありますし、時には気持ちを引き立たせてくれる会話をするだけのこともあります。

成功者との関係を途絶えさせないためのコツがあります。会う前に、あなたが相手に対してどのような利益をもたらせるか、考えることです。

相手の立場になって考えてみましょう。自分が相手の立場だったら、何をしてもらいたいか考えてみてください。

まずは、相手にメリットを与えられないか、考えましょう。成功している人たちは誰もが、このような考えで、エキスパートネットワークを築き上げて、機能させています。

〈パワーヒント〉成功者との知り合い方とつながり方

月にひとりは成功した人と知り合いとなり、エキスパートネットワークを築きましょう。

- 成功している知り合いに、知り合いのエキスパートを紹介してもらう
- 紹介をしてもらい、アポを取る
- 相手にとってのメリットを先に考える
- エキスパートへのコンタクトが増えるほどやる気が起きる。成功するまで言い訳なしに続ける
- その人達を通じて、さらに成功している人とつながる糸口を見つける
- エキスパートネットワークに自分がどう貢献できるか考える。自分の価値を上げるように全力を尽くす
- エキスパートネットワークに集中！

可能性を強制的に引き出してくれる人に囲まれる

あるとき、有名な建築会社のパーティーに行きました。来ているゲストを見る限り、皆自営業者で、それぞれの分野で活躍中の人たちでした。そのうちの何人かは何年も前からの知り合いでした。皆で集まって話をしていると、古くからの知人が近寄ってきました。以前は、健康主義者で、周りの人に健康生活をすすめるような人だったのに、そのときはとても太っていました。

話を聞くと、彼の夫人がいつも美味しい料理をつくってくれるので、太ってしまったと言うのです。初めのうちは、ベジタリアン料理をつくってくれるように頼んでいたそうですが、そのうち言うのをやめてしまったそうです。皆のパートナーは理性的でいいな、と羨《うらや》ましがっていました。

私たちのグループの人々は、皆反論しました。

「そんな馬鹿な話は聞きたくないね。夫人が君の人生のコントロール権を握っているってことか？ そうじゃなくて、自分が美味しい料理に対する興味を見出しただけでしょう。それを他の人のせいにするのはあり得ないね」

私たちには、自分をよりよく成長させてくれる人が必要です。**自分の可能性を強制的に引き出してくれる人が必要**なのです。

モデリング・オブ・エクセレンスで成功は近づく

誰かを真似するときには、まずその人を観察し、分析しましょう。模範となる人を近くから観察できれば一番ですが、それは絶対に必要なことではありません。テレビのインタビューから分析しても問題ありません。**ボディーランゲージ、話し方、話の特徴、レトリック、思考パターン、感情、柱となる信念、価値観等を分析**し、後から自分のものとして消化しましょう。

人生を変えるためには、これらすべてを意識する必要があります。成功者になるということは、これらを自分でマスターするということに他なりません。

自分が影響を受けたいと思う人を探しましょう。自分がなりたいと思っているような人の真似をしましょう。成功者も皆、真似から始めたのです。

自分の手本となる人が、お金に対してどのような信念と価値観を持っているのか探りましょう。お金や資産について、どう感じているでしょうか？　日常生活は、どのように成り立っているでしょうか？　お金を儲けるために何をし、友人は誰で、どのような仕事の習慣を持っているでしょうか？　裕福になるのは不可能だ、と決して考えないでください。収入が高まらないのは、高所得者と接触がなく、成功者がどのように稼いでいるか、を観察したことがないからだけなのです。

〈パワーヒント〉モデリング・オブ・エクセレンスのコツ

お手本となる人を真似しましょう。

- その人についての情報をできるだけ入手する
- 観察結果を記録し、どう真似するかプランを考える
- 模範となる人が健康、経済状況、人間関係、感情、人生の意義の5つの分野にどう関わっているか考える
- 人生の重要な分野毎に手本となる人を探す
- モデリング・オブ・エクセレンスでは、自分の学び方のプロセスを自覚的にアレンジすることになる。自分の将来を自分でデザインする

アメリカで1993年に「今年の女性事業家」に選ばれたエラ・ウィリアムスは言いました。

「自分の上司を知れば知るほど、自分でその仕事はできると認識する」

経済的自由を手にする習慣を続けるために

この本の初めのほうでは、裕福になるには何が必要かをお話ししました。第5章で信念について考えたことで、あなたは経済的自由を手にする準備ができました。すでに、規律を持って新しい行動パターンを始め、新しい習慣を維持できます。

習慣付ければ、重要で正しいことを、自動的に、しかも、苦労することなく行なうことができます。**習慣化のカギとなるのは、あなたの周囲にいる人たち**です。コーチ、お手本となる人、エキスパートネットワークに所属する人、これらの人がよい習慣を続ける決定的な助けとなってくれます。

自分の人生をマスターする人は、大きな力を持っています。

孔子は言いました。

「他人に勝つ人は強い。自分に打ち勝つ人は賢い」

ボード・シェーファーからのマネーアドバイス

- 成功を強制するような環境をつくり出す
- 自分が影響を受けたい人を自分で探す。自分より成功している人から選ぶこと
- 周囲に成功した人が多いほど自分も成功しやすい
- エキスパートネットワークをつくるには、自分が他の人に何ができるか考える
- 自分がベストになれるように助けてくれる人が周りに必要

第14章
お金の種蒔き

「富から喜びを得られるのは、単に所持して無駄遣いをしたときではなく、賢く使ったとき」

ミゲル・デ・セルバンテス著『Don Quijote de La Mancha』より

ここまで読んでくれたあなたは、お金に対する信念は変えられると理解してもらえましたし、経済的自由を手にするためには、どんなプランを採用すればよいのかもわかっていただけたと思います。成功とは欲しいものを手に入れることですが、幸せとは手に入れたものを楽しむことです。あなたの目標は、富と幸せの両方を手にすることです。ここからお話しすることには少々驚かれるかもしれませんが、得られる結果にはもっと驚かされるでしょう。

稼いだお金はあなただけのものではない

成功して幸せな人は、富を誰かと分かち合っています。こういう人は、自分が経済的自由に到達できたことに感謝しています。また、お金持ちで幸せな人は、責任感を持って自分のお金を扱っています。

経済的自由を手にした人、しようとする人は、稼ぎの少ない人の面倒を見る義務があります。鉄鋼業の大御所であるアンドリュー・カーネギーが、そのことを的確に述べています。

「過分な富は、所有者に生涯をかけて社会のために使用するという、神聖に任命された義務を与える」

多くの人は、自分より貧しい人を助けようと思ってはいますが、その前に自分を裕福にしようと考えます。しかし、この姿勢では経済的な自由は手にできません。種を蒔く前に収穫はできないのですから。

昔々あるところに、ケチな農民がいました。彼は新しい畑を買いました。そして、種も蒔かずに畑の前に座ってこう考えました。

「秋にこの畑の収穫がうまくいったら、来年は種を買って蒔こう。まずは、この畑のポテンシャルを見せてもらわないと」

もちろん、農民は次の年に失望するはめになりました。

農業の基本は、まず蒔いてその後収穫する、です。まず種を蒔かなければ、収穫物は生まれません。

誰もが自己開発の段階で、すべて使ってしまうか、節約するか、ということで悩む経験をしています。すべて使って種を失くしてしまうか、自分のお金の一部を蒔くか、どちらも可能です。

あなたが今どのような状況にあろうとも、世界的に見ればお金持ちです。世界中の3分の2の人は、あなたの立場と交換するかと聞かれたら、すぐにすると答えることでしょう。

成功する前から、感謝して種を撒く

「お金を手に入れる確実な方法は、まずお金を与えることだと悟った人は幸福だ」

ナポレオン・ヒルは25年間かけて、大富豪の生活を調査しました。従って、この人のお金に関する助言は聞く価値があります。

裕福で幸せな人は、**たくさんお金を寄付しているだけではなく、かなり早い時点からそれを始めています。**寄付ができるような段階ではない時期から始めているのです。

ケロッグ、カーネギー、ウォルトン、ロックフェラー、テンプルトン、これらの人たちの生涯を見てみると、早い段階で感謝の念を持っていることに気づくでしょう。

この感謝の念から、寄付を始めています。興味深いことに、まだそれほどお金を持っていないうちから感謝の念を持っているのです。

成功者は収入の10分の1を分ける

旧約聖書の時代には、イスラエル民は収入の10分の1を税金として納めるのが習慣でした。農業でも収穫物の10分の1を土に戻し、地面から栄養を取りすぎるのを防いでいました。さらに、10分の1は、次の年の種として使われました。

それ以外に、特に裕福な人の間では収入の10%を貧しい人に渡す習慣がありました。ビジネスで成功している人は**非常にタフですが、その一方で貧しい人に「ソフトな心」を持っています。**

自己中心的な理由から、寄付が行なわれることもあるとは思います。たとえば、できるだけ公の場で寄付をし、広告の効果を狙っている人もいます。しかし、自分が行なうすべてのことは、自己中心的な行ないとも言えます。誰かを助けるのは、そうすることで、自分の気分が良くなるから、とも言えます。

このような話は、貧しい人にとってはどうでもいいことでしょう。お金をもらえるのなら、「高貴な理由からの寄付」などというラベルが付いている必要はないからです。

なぜか、お金を与えるとお金が入ってくる

面白いことに、収入の10分の1を寄付する人は、お金に困ることがありません。

定期的に収入の10%を寄付している人のほうが、そうしない人と比べて確実にお金持ちになっているのは、なぜなのでしょう?

この現象には、学術的な根拠はないようです。この不思議な現象を解明するために、いくつかの考えを紹介します。

与えることは、幸福感をもたらし、あなたを救う

人に何かプレゼントすると、自分がもらったときよりうれしいものです。自分のことばかり考える人は、孤独で不幸で鬱々《うつうつ》としています。だから、自分の本当の感情をペットだけに、表現することになった人がたくさんいるのです。

虚しさや脱力感を克服する一番の方法は、他人の面倒を見ることです。悲しくて鬱々としている人は、自分のことのみ考えていることが多いのです。他人を助けることに集中している人は、自分の悲しみから気分をそらすことができます。他人を助けることは、自分を助けることにつながるのです。

他人を舟に乗せて向こう岸に運ぶ人は、自分も向こう岸にたどり着けます。

寄付はお金の善い使い道の証明

寄付をすると、自分はお金を使って善いことができると証明でき、お金は善いものだと認識できます。自分のお金で誰かの人生を助けて、より良くすることができれば、この確信は強まります。お金を善いことに使うことで、自分はお金を持つにふさわしい人間であると確信できるのです。

お金を寄付することで、宇宙に対して**「自分が必要以上にお金を持っていることに感謝します。ですから寄付もできます」**というサインを送ることができます。

十分にお金を持っているという意識は、お金とよい関係を築くのに役立ちます。お金をあまり重要に考えすぎないことで、よりお金との関係を楽しむことが可能になるからです。

寄付をすれば、お金は人生の中を流れるエネルギーの一形態である、という意識が強まります。お金に固執すると、エネルギーの流れを妨げてしまいます。お金を流せば流すほど、人生におけるエネルギーの流れも良くなるのです。自分の人生に大きなお金が流れ込んでくると、自信も強まります。

寄付をするということは、自分自身と宇宙のエネルギーに対する信頼の証です。この行為で自分と宇宙への信頼がより深まり、多くのお金が流れ込んでくると期待できます。

富を期待することで、富が当然のこととなります。自分の期待が、実際に手にするものを決める、と忘れないでください。

世界はネットワーク

世界に自分ひとりしか存在していないかのように暮らすのは、賢い生き方ではありません。このような姿勢は、自分自身にも周りにとっても役に立ちません。自分のベストを引き出すためには他人が必要ですし、他人もあなたを必要としています。

そう考えると、単純かつ意義深い認識が2つ生まれます。**「力を合わせれば、さらに高い所に到達でき」**、**「全体の状態が良ければ個人の状況も良くなる」**ということです。

周りの人間を無視し、個人の幸福を切り離して考えることはできません。

ダライ・ラマは言いました。

「すべてがネットワーク化している現代、個人も国も自分の問題を独り立ちして解決することは不可能だ。私達はお互いを必要としている。それゆえ、普遍的な責任感を育まなくてはならない。私たちは個人的にも集団的にもこの地球上に人間という家族を守り、保持し、弱い家族は守るという義務を負っている」

チベット仏教の師ソギャル・リンポチェは樹を例にとり、誰も単独の存在ではないと説明しています。

「樹はすべての宇宙を包括する、とても緻密《ちみつ》な関係網を持っていることがわかっている。すべての葉の上に降る雨、樹を揺らす風、栄養を与えて支える土、四季と天気、太陽の光、月と星、すべてが樹の一部だ。すべてがこの樹をつくり上げている。樹はこれらすべてから一瞬でも切り離されては存在できない」

全体の幸福は、大きな影響を私たちに与えています。私たちが他人に影響を与え、他人の状態が私たちに影響を与えていることは否定できません。

私たちが外に放射するものは、私たちに戻ってきます。たとえば、微笑みや親切などの些細なことでもそうです。世界を愛する人は世界から愛されます。これは、お金にも当てはまり、世界にお金を与える人には世界からお金が戻ってきます。

世界を明るくする道しるべとなる人になる

責任感とは、答えを与える能力のことです。もし、窮迫状態で困っている人がたくさんいて、逆に自分の状態が良ければ、責任感を持つ人はこの事態から目を背けることはないでしょう。

世界は不安に満ちて暗く見え、幸福や平和は不公平で乱されています。公平な分配への道でさえ暗く争いに満ちています。だからこそ、道しるべが明るく照らしていることはとても重要です。

世界は、道しるべとなる人を必要としています。この理由から、明るく照らそうとしている人には、世界がそのための手段を与えてくれるのです。

与える人は生きがいを感じられる

与えることほど、生きがいとエネルギーを感じさせてくれるものはありません。感謝の念や愛を与えることは、エネルギーを生みます。

幸福であるとは、私たちが持っているものに満足していることが前提となります。そのためには、責任を持って行動し、自分が持っているものを世界に返すことで幸福感は得られます。寄付をすることで、幸福を蒔くことができます。お金を蒔くこともできます。事実、**与えることで、より多くを受け取れるという、奇跡が起こる**のです。

なぜ、こんな奇跡が起きるのか、その理屈を知る必要はなく、結果を見るだけで満足しなくてはなりません。

収入の10%を寄付した場合の結果は、裕福で幸せな感覚を味わえることです。試してみてください。「ある人は根を探す一方で、他の人は果実を収穫する」のです。奇跡の根は見つけることができないかもしれませんが、10%を寄付することで果実を収穫することはできるでしょう。

〈パワーヒント〉与えることで与えられる

収入の一定額を寄付しましょう。

- お金は善いもので自分はお金を持つのに適していると自覚できる
- 寄付すると決めたらその決定となぜするのかを書き留める
- 自分のお金を責任をもって使うプランを立てる。その出費が本当にそのために使用されているか追跡する
- 補助は継続的に行う
- まだ大金持ちになる前から始める

お金はあなたを幸せにする

お金は、あなたの人生を本当の意味で裕福にしてくれます。

しかし、そのためには自分が行動を起こし、何かをすることが前提となります。

もしこの本を斜め読みしてレッスンは飛ばしてしまっていたら、もう一度戻って最初からやり直してください。

まず、お金が幸福にしてくれると確信してください。

ボード・シェーファーからの幸福と成功のヒント

- 成功とは自分が欲しいものを手に入れること。幸福とは手に入れたものを楽しむこと
- 裕福な人は、社会の貢献のためにお金を使うという神聖な責任を負っている
- 虚しさや脱力感を克服する一番の方法は他の人の面倒を見ること
- お金を寄付することで、責任を持ってお金を扱える人間であると自分を納得させられる
- 寄付は自分への信頼の証
- 寄付をするということは富を期待しているということ。期待が最終的に入手できるものを決定する
- 世界を愛する人は世界からも愛される。世界に何かを与えれば世界から与えられる
- 与えることは生きがいとエネルギーを与えてくれる
- 裕福なのに責任を持たない人は不幸

展望——これからの展開

「知識はリスクと不安という
裕福への道の二つの敵を排除する」
チャールズ・ギベンス（ヴィクトリア朝時代を代表するイギリスの作家）『Wealth Without Risk』より

あなたには、自分と周りの人間の人生を変えるためのテクニックと、方策を学んでいただけたと思います。この本を手から離したら2つの道があります。

役に立つことを学べたと考えて今までと同じように生活するか、自分の経済状態と人生を変えるように集中して努力をするかです。

全く新しい人生をつくり上げる奇跡を起こすために、本書のコンセプトは利用できます。

キケロになるか、デモステネスになるか

古代にキケロとデモステネスという雄弁家がいました。

キケロが弁論を終えると聴衆は立ち上がって拍手をし、「素晴らしい弁論だった」と叫びました。

逆に、デモステネスが弁論を終えると、聴衆は「そうしよう！　すぐにそれを始めよう！」と叫び、それを行ないました。

もし、あなたがこの本を読んで「面白かった、興味深いテクニックだ」と思っても何も実行しなければ、あなたも私も時間のムダづかいをしたことになります。

ジム・ローンは言いました。

「人間には2種類ある。両者とも『リンゴを毎日食べれば病気なし』を読んだとする。ひとりはもっと背景の情報が必要だと思い、もうひとりは近くの八百屋に行きリンゴを買う」

「知識は力なり」という格言は間違いです。正しくは、**「使用した知識は力なり」**です。

ですから、本書で知ったどの知識を使うか、考えてみてください。

今までの夢をすべて超えるような、唯一無二の旅を始めましょう。自分の人生を傑作に仕上げましょう。

〈パワーヒント〉お金とは何なのか

裕福になりましょう。そのために必要なことは、すべてやり遂げましょう。お金はあなたを幸福にしてくれます。裕福になるのがあなたの目的です。

- 寄付は自分と他人を幸福にする
- お金を持つことは、保護され安全という感情を与える
- 人生に流れ込んでくるお金の成長は、自分のパーソナリティーの成長の証拠
- お金は人生を自由にする。自分の才能にあった好きなことをすることができる
- お金があれば、自分と他人の才能を生かすことに使用できる
- お金を持てば、お金がそれほど重要な意義を持たなくなる。なぜなら、お金は単に存在しているだけだから
- お金が主要目的ではなく自分の支えとなる
- 自分に重要なことのみに集中できるようになる
- お金は自分の良いところを前面に押し出し、アイデアを可能にさせる

- お金はバランスを生み出す。お金があれば余裕を持って人生の他の分に関われる
- お金は人生をより面白く多様にする。住む所が自由に選べ、会いたい人に会える
- お金があれば自分で時間を振り分けられる。日常生活に追われることなく人生の意義を追求できる
- お金は力を持つ。お金を持つことで良い影響力を与えたり、他人を援助できる
- お金を持つことで、自分の「できる限りを尽くさねばならない環境」をつくってくれる人に囲まれることが可能

将来の道を考える

次のような状況を想像してみてください。

7年後に、誰かがあなたの人生に現れます。あなたのカギを使って家に入り、あなたがこれまで努力をして稼ぎ、心から好んで手に入れたものをすべて使います。

この人物は、あなたの一歩一歩を追ってついてきます。仕事中も観察し、銀行口座の証明書も見ます。あなたの今日の計画を見て、この計画が実行されたかを見守ります。自分が批判的に鏡を見ると、この人物はあなたの目を見つめます。

この人物は、自分が実際に行動を起こしたことで生まれた、あなた自身です。

この人物はどのような人物でしょう？

何を思い、何をして、どのような信念を持っているでしょう？

どこに住み、何を誇りとしているでしょう？

どの方向に向かって進んでいますか？

もし、何も行動をしなかったら、あなたは7年後にどこにいますか？

ジョン・ネイスビッツはこう言っています。

「未来を予言する一番の方法は、今何が起きているかについて明確なアイデアを持っていること」

本書を読み終えたら時間をかけて、自分に正直になって、どの方向に行こうか考えてください。常に学び、成長していく道を進みたいと思いますか？　もし、この本がそのために役に立つなら、私はとてもうれしいです。私にフィードバックを与えてくれれば、とても光栄です。いつの日か、あなたの成功の話を聞くときがくるかもしれません。

私たちがいつかどこかで会うチャンスもあるでしょう。奇跡を起こせる人はそう多くはありませんが、そのような人は常に動いているので、様々な場所に存在しているのです。

富への道の友

道を決めたら、自分からベストを引き出してくれるような人たちと一緒に、グループを結成しましょう。

自分の目標に到達するためにできるだけ尽くし、それによって奇跡を起こすことができるような人たち、毎日成長しあなたを支えて結果をもたらす人たち、あなたがベストを尽くさないようでは満足しない人たちを集めましょう。

このような人たちに囲まれているだけで、成長し常に自分を発奮させることができます。このような人たちが近くにいることは、あなたにとって最大のプレゼントです。

このような人たちに囲まれることは楽しいことです。これまでに楽しかった思い出を聞くと、チームで働いた結果を挙げる人がかなりいます。

チームの一員であることで、自分を伸ばし成長させることができます。周りの人は、自分だけではできなかったことを可能にするよう支援してくれます。

最後のお願い

最後のお願いです。この情報を他の人にも伝えてください。富への到達は可能だということを皆に知らせてください。

これには2つの理由があります。

本書では、**あなたが一番学ばねばならないことを教えているから**です。アイデアを他の人に伝えることで、自分の中でアイデアを考え直すことでしょう。そして、自分に何が一番大切なのかを認識できます。

次に、**他人を助けることで、信じられない富と大きな喜びが生まれるから**です。

あなたは、何をやらなければならず、何ができるかを、本書を通して学んだと思います。

今必要なのは、「実行すること」です。自分のためにも、他の人のためにもできるだけ早く行動を起こしてください。他人が想像も及ばないほど努力をしてください。自分がなれる限りのベストな自分となることができるはずです。

私は、今あなたがどのような状況にいるかにかかわらず、なんらかの使命を持ち、生きる意義を持っていると信じています。重要なのは、あなたがどの方向に進むかです。

裕福になることは、生まれながらの権利だということを忘れないでください！　あなたの居場所は太陽の下です。

自分の人生を傑作にしましょう。自分と他人に7年間で、富への道を歩めることを証明してください。

著者の希望――傑作の人生をあなたへ

最後に私からの希望を、あなたの友として書かせていただきます。

生まれながらの権利を実現させてください。

成功して、精神的、感情的、経済的に十分に裕福になってください。

助け合う関係を持ち、健康で幸福で平和な人生を送ってください。

楽しみながら自分の才能を活かし、他人の助けになるようなことを行ない、人生の意義を満たしてください。

この世界で自分の場所を見つけられるような才能を探し、それを活かしてください。

常に学び、成長し、できる限りベストを尽くしてください。

自分の成功と富を他の人に分けることで、満足感を得てください。

自分の生まれながらの権利を手に入れ、自分の人生を傑作にしてください。

謝辞

並外れた業績は、常に様々な人々の相互作用の結果です。

私は唯一無二の人々から学ぶ特権を持てました。残念ながらここですべての人を挙げることはできませんが、深い感謝の念をこの方たちに伝えさせてください。

特にお世話になった、何人かの名前はそれでもここで挙げさせていただきます。

私の最初のコーチで、成功の基礎を築いてくれたペーター・ヴィンフリードは、信頼関係の美しさを教えてくれました。

コミュニケーションのマイスターであるシャミ、ハイファイナンスの世界を見せてくれた億万長者のダニエル・S・ペーニャ。

本書はこの方たちとの関係と、批判的かつ建設的に私を助けてくれたCampus出版社の編集者クヴェアフルトさんの成果物です。

この誰もが事態を簡単にはしてくれませんでしたが、成長するのは良いことですから、終わりよければすべてよしです。

ボード・シェーファー・アカデミーの信じられないほど素晴らしいチームにも感謝しています。

私たちは一緒にたくさんの人を強く、自由に、そして裕福かつ幸福にすることができました。サポートとたゆみない努力、素晴らしいアイデアで私と一緒にチームとして働いてくれたことに感謝します。

妻のイムケは私の一番大切な人です。感謝しています。

最後にはなりましたが、私のセミナーに参加してくれたすべての人が、たくさんの発想を与えてくれたことに感謝します。あなたたちのおかげで常に学び、さらに前進することができました。

編集部注：本書に記載されている金額などの数字は、時代背景や社会的状況の変化もあるとはいえ、ロングセラーという性質上、原則として、著者の考えを尊重し、なるべく原著に忠実に表現しました。
そのため数字の根拠が明示されていない箇所もありますが、特定の金融商品を推奨する目的ではなく、あくまで経済的自由を手にするための原理原則の理解を促す例としてご参照いただければ幸いです。

著者●ボード・シェーファー

1960年ドイツ・ケルン生まれ。経営・資産形成コンサルタント。16歳でアメリカに渡り、20歳のときに最初の会社を設立するが、26歳で多額の借金を抱え倒産。借金を完済後、30歳で資産運用金で生活できるまでになる。その後、経営コンサルタントとして成功を収め、様々な国でセミナーを開催するカリスマコーチ。1998年に発売後、30か国語以上に翻訳されており、世界1000万部以上のマネー自己啓発の古典として知られる代表作『Der Weg Zur Finanziellen Freiheit』(The Road to Financial Freedom)の2019年に発売された改訂版を邦訳したのが本書である。

訳者●小林　節（こばやし　せつ）

上智大学大学院文学研究科ドイツ文学専攻にて修士課程修了後、1992年より在独。現在は本書著者の故郷であるケルンに住んでいる。デュイスブルグ・エッセン大学環境建築学科にてDipl.-Ing (FH)取得。日系商社、製造会社及びドイツの輸送関連企業や設計事務所にて勤務の他、ビジネス、トラベル、文化関連等のテーマで日独通訳、翻訳、外国人のための日本語教育にも携わっている。

本文デザイン　中原克則 (STANCE)
DTP　キャップス
校正　鷗来堂

Financial Freedom《ファイナンシャル・フリーダム》
経済的《けいざいてき》自由《じゆう》と人生《じんせい》の幸《しあわ》せを同時《どうじ》に手《て》に入《い》れる！

2021年 7 月 20日　第1刷

著　　者　ボード・シェーファー

訳　　者　小林《こばやし》　節《せつ》

発 行 者　小澤源太郎

責任編集　株式会社 プライム涌光

電話　編集部　03(3203)2850

発行所　株式会社 青春出版社

東京都新宿区若松町12番1号〒162-0056
振替番号　00190-7-98602
電話　営業部　03(3207)1916

印刷　大日本印刷　　製本　ナショナル製本

万一、落丁、乱丁がありました節は、お取りかえします。

ISBN978-4-413-11360-1 C0030